『美丽家园、小康库区』建设的实践与探索

——以云南省大中型水库为例

Practice and Exploration of Beautiful and Well-off Resettlement Area Construction

——An example of large and medium-sized reservoirs at Yunnan Province in China

张晓晨 施国庆 主编
黄 莉 黄健元 副主编

河海大学出版社
HOHAI UNIVERSITY PRESS

图书在版编目(CIP)数据

“美丽家园、小康库区”建设的实践与探索：以云南省大中型水库为例 / 张晓晨，施国庆主编. — 南京：河海大学出版社，2018.6

ISBN 978-7-5630-5557-9

Ⅰ. ①美… Ⅱ. ①张… ②施… Ⅲ. ①水库工程—移民安置—研究—云南 Ⅳ. ①D632.4

中国版本图书馆 CIP 数据核字(2018)第 128036 号

书　　名	“美丽家园、小康库区”建设的实践与探索 ——以云南省大中型水库为例
书　　号	ISBN 978-7-5630-5557-9
责任编辑	易彬彬
封面设计	瑾容轩　张育智　丁智慧
出版发行	河海大学出版社
地　　址	南京市西康路 1 号(邮编:210098)
电　　话	(025)83737852(总编室)　(025)83722833(营销部)
经　　销	江苏省新华发行集团有限公司
排　　版	南京布克文化发展有限公司
印　　刷	虎彩印艺股份有限公司
开　　本	787 毫米×960 毫米　1/16
印　　张	12
字　　数	201 千字
版　　次	2018 年 6 月第 1 版
印　　次	2018 年 6 月第 1 次印刷
定　　价	48.00 元

《“美丽家园、小康库区”建设的实践与探索》编撰人员名单

1. 河海大学：

张晓晨　黄　莉　施国庆　黄健元　王旭波　季年芳

程　倩　刘会聪　陶钰敏　汪露露　管守娟　张亚丽

姜晓荣　周潇君　潘付拿　王炳宏　杨　翔　童晓军

周　成　金广宇

2. 云南省移民开发局(现为云南省搬迁安置办公室)：

韩　梅　刘绍鸿　张　异　高明顺　秦跃武　冯理银

王　彪　庄　伟　刘经喜　潘长云

序

大力开展美丽家园建设行动努力实现小康社会宏伟目标

接到云南省移民开发局约稿函后，反反复复思考，结合贯彻落实党的十八大报告精神，围绕到2020年实现全面建成小康社会宏伟目标，针对当前水库移民工作面临的形势、任务以及存在的主要困难和问题，就如何做好今后一个时期水库移民安置和后期扶持工作，提出以下思考。

党的十八大报告提出，到2020年全面建成小康社会宏伟目标，实现国内生产总值和城乡居民人均收入比2010年翻一番。同时指出，深入推进新农村建设和扶贫开发，全面改善农村生产生活条件；实现城乡发展一体化是解决“三农”问题的根本途径，要加快户籍制度改革，有序推进农业转移人口市民化；努力建设美丽中国，实现中华民族永续发展。作为“三农”工作的重要组成部分，水库移民问题历来得到各级党委、政府的高度重视。毫无疑问，十八大报告为我们指明了今后一个时期做好水库移民工作的发展方向。我认为，针对全国水库移民的现状和移民工作的特点，水库移民工作应把大力开展移民美丽家园建设行动、努力实现小康社会宏伟目标作为贯彻落实十八大精神的重要举措。

一、水库移民工作取得的成绩与存在的问题

（一）水库移民工作取得的成绩

自新中国以来，我国共修建各类水库8.5万多座，这些水库在防洪、发电、灌溉、供水、生态等方面发挥了巨大的经济和社会效益，为我国经济社会可持续发展起到了重要的支撑和保障作用。多年的水库建设产生了数以千万计的移民，使我国成为世界上水库移民人数最多的国家。据统计，截至2011年底，全国核定的纳入后期扶持范围的大中型水库农村移民已达2 393万人。

党中央、国务院历来高度重视水库移民工作，在不同历史时期采取与当时国情相适应的政策来做好移民工作。改革开放以来，中央相继出台了一系列政策法规，努力解决已建水库移民生产生活困难问题，加强在建新建水库移民安置工作管理，力求“老账逐步还、新账不再欠”。特别是2006年，国务院全面调整完善移民政策法规，修订颁布了《大中型水利水电工程建设征地补偿和移民安置条例》，出台了《国务院关于完善大中型水库移民后期扶持政策的意见》，并召开第一次全国水库移民工作会议，移民工作进入了一个新的历史阶段。六年来，国务院有关部门和地方各级党委、政府认真贯彻落中央决策部署，加强领导，落实责任，各级移民管理机构和有关单位转变思路，精心组织，狠抓落实，水库移民安置和后期扶持工作取得了显著成效，在建工程移民搬迁安置工作稳步推进，保障了新时期水利水电事业健康发展；水库后期扶持政策全面落实，移民生产生活条件不断改善，移民增收明显加快，部分地区农村移民人均收入已经达到或超过当地农民的平均水平，库区和移民安置区社会总体稳定，移民的家园建设呈现出欣欣向荣的发展景象。广大移民群众深切感受到党中央、国务院的亲切关怀，发自内心感谢党和政府的惠民政策。

（二）当前水库移民工作存在的主要困难和问题

我国的水库移民工作虽然取得了很大的成绩，但也面临着许多新形势、新情况、新任务。水库移民工作还存在诸多困难和问题。

一是老水库移民脱贫解困的任务仍然十分艰巨。一些老水库的移民，特别是那些生活在偏远山区、贫困地区和自然灾害隐患区的特困移民，因其生存环境恶劣、自然资源条件差、耕地匮乏和生产条件差，仍存在基础设施薄弱、经济发展滞后、公共服务缺失等方面的突出问题，还没有得到根本性解决。据初步统计，2011年农村移民人均纯收入仅是当地农民人均纯收入的70％左右，超过20％的移民人口仍然是我国农村最贫困的群体之一。

二是新建水库移民安置仍面临严峻挑战。随着“十二五”规划的实施，特别是2011年中央1号文件和中央水利工作会议精神的深入贯彻落实，新一轮大规模的水利水电建设必将带来大规模的征地移民安置任务。而人多地少的基本国情，决定了水利水电开发地区以及移民安置区的资源承载力和环境容量不足的问题日益突出。同时，中央各项强农惠农富农政策力度的不断加大，以及现行征地制度改革的深化、移民需求的多样化,将使得移民安置的难度越来越大。

三是移民工作的管理体制、工作机制仍不顺畅。作为移民家园建设的体制机制保障措施,新建水利工程和水电工程移民安置在中央层面仍实行多部门管理的格局,体制不顺、政出多门、标准不一仍然是困扰地方政府加强移民工作管理的老大难问题;在水库移民后期扶持政策实施中,移民管理机构与相关部门责权不统一的体制机制已经成为影响政策顺利实施的重要因素;在移民安置和后期扶持工作中,移民部门、移民资金"单打独斗"的格局仍没有得到根本性变革,多部门的倾斜支持还没有完全落实到位。同时,移民管理机构自身能力建设与当前移民工作任务不相适应适应也是当前亟待加强和解决的重大问题。

二、关于大力开展水库移民美丽家园建设行动的思考

到2020年全国大中型水库农村移民要与全国人民一道共同实现小康宏伟目标,这是一项十分光荣而艰巨的政治任务。我们在学习贯彻党的十八大精神中,结合我国水库移民的现状、当前存在的主要困难和问题以及水库移民工作的特点,提出了大力开展水库移民美丽家园建设的行动。也就是说,水库移民的家园应该是"天蓝、地绿、水净"的美丽家园,新建工程的水库移民安置应按照美丽家园的要求建设,老水库移民也应通过后期扶持逐步建成美丽家园。要实现这一目标,需要各级移民管理机构和全体移民工作者埋头苦干、顽强拼搏,以更大的勇气和智慧,不失时机深化移民工作改革,破除妨碍开展移民美好家园建设的思想观念和体制机制弊端,不断地开拓创新,高效推动工作开展。本人认为至少应着力解决好以下六方面问题。

一是牢固树立科学发展理念。思想观念是行动的指南,建设移民美丽家园,必须牢固树立以人为本的工作理念,并把这种理念作为深入贯彻落实科学发展观的核心立场,始终把实现好、维护好、发展好最广大移民根本利益作为移民工作的出发点和落脚点,切实保障移民合法权益。必须坚持移民安置和工程建设并重的原则,坚决纠正为保工程立项而随意卡压移民投资的行为,以及为了工程能提前蓄水发电而在不具备条件时对移民实行应急搬迁和长期临时安置的行为。在确定移民安置去向和安置方式时,在确定移民后期扶持方式时,以及确定征地补偿补助费的使用管理问题、确定具体的扶持项目时,都要把民生问题放在首要位置，并充分尊重移民的意愿；特别是，对于采取项目扶持的移民村组，应将移民群众充分受益作为衡量一切工作的最高标准。

二是统筹协调发展目标。现行的移民政策规定，通过前期补偿补助，使移民搬迁后要达到或超过原有生活水平，并通过20年的后期扶持，使移民逐步达到当地农村平均水平。这一目标及其实现的时间显然与建设移民美丽家园、到2020年实现小康的目标不相协调，需要与时俱进，按照十八大报告的精神调整后期扶持的中长期目标，通过加大投入力度，使移民搬迁后不仅要达到或超过原有生活水平，还要为移民逐步达到当地农村平均水平打好基础、创造必要的条件，帮助水库移民到2020年达到当地农村居民平均水平，实现全面建成小康社会目标。

三是突出后扶工作重点。当前水库移民后期扶持政策实施工作已步入常态化管理，要根据当前工作阶段的变化和后期扶持政策实施情况，围绕建设移民美好家园的目标，对今后一个时期水库移民后期扶持工作重点进行适当调整。一是继续抓好600元普惠政策的落实工作，适时出台动态调整机制，加快解决库区和移民安置区基础设施薄弱的突出问题，让广大移民更好、更多、更直接地分享改革发展的成果。二是抓好特殊困难问题的解决，通过实施整村推进并结合社会主义新农村建设，重点解决居住不安全、耕地资源严重匮乏、生存环境恶劣、生活条件特别困难的移民避险搬迁解困等问题，不断改善移民生产生活条件。三是全面实施水库移民增收计划。要加大库区产业扶持力度，研究制定鼓励水库移民依托资源优势、每家每户都能开展的特色产业扶持政策措施，加强生产开发项目管理，合理确定移民资金的所有权、管理权和收益权，确保项目效益落实到移民村、移民户；加强移民培训就业工作，进一步加强对移民群众的生产技术和就业技能培训，组织制定切实可行的移民培训规划，通过有计划、重实效的培训，特别是技术技能证书培训，使每一个移民家庭都有一名劳动力接受培训、熟练掌握一至二门实用技术和就业技能，促进移民就业增收。

四是创新移民安置思路。随着经济社会发展，移民对安置方式的选择上也越来越多样化，传统的以土为本、以农为主的安置方式已经难以满足移民安置的需要。我们在移民安置工作中，要根据党的十八大提出的工业化、信息化、城镇化、农业现代化同步发展的战略部署，特别是关于加快改革户籍制度、有序推进农业转移人口市民化、实现城乡发展一体化的要求，结合本地区域的实际情况，按照建设移民美丽家园的目标，大胆实践，积极创新移民安置思路，采取大农业安置与二三产业安置和小城镇安置相结合，把深入推进新农村建设、小城镇建设、推动城乡发展一体化紧密结合，综合运用配置土地、长期补偿、社会保障、就业培训、产业扶持等措施，实行“多样化组合”的方式安置移民，使每一户水库移民通过搬迁安置，建设一个属于自己的美好家园。需要指出的是，我们要进一步总结完善贵州、广西、云南等省（区）在水电站移民安置中开展“逐年补偿”试点经验，对有条件的地方和项目，在开展相关风险评估、保护库区生态环境、落实资金渠道的基础上逐步推行，不断拓宽多渠道、多途径安置农村移民的门路，破解移民安置受资源、环境容量不足约束的难题。

五是切实加大移民投入。建设移民美丽家园，与当地农村非移民村相比，需要更大力度的资金支撑和保障。11 月 28 日，国务院讨论通过了土地管理法修订草案，征地补偿标准将进行调整，这对水库移民建设美丽家园可能是一大机遇。因此，我们要以此为契机，按照十八大报告提出的“改革征地制度，提高农民在土地增值收益中的分配比例”精神，抓紧开展移民条例修订完善工作，在统筹考虑相关追溯期问题处理的基础上，深入研究提高征地补偿标准问题，并研究落实水利工程建设耕地占用税征收优惠政策，解决水利工程建设征地与其它建设项目“同地不同价、不同税”问题，为移民建设美丽家园提供雄厚的物质基础。对于移民后期扶持工作，除了建立 600 元扶持标准的动态调整机制外，主要是采取有力措施贯彻落实国家 14 部委《关于促进库区和移民安置区经济社会发展的通知》精神，不断建立健全多部门合力促进库区和移民安置区经济平稳发展、基础设施完善、移民持续增收、社会和谐稳定的长效机制，使各项工作制度化、程序化，各部门心往一块想、劲往一处使，合力推动移民美丽家园建设。

六是加快理顺体制机制。完善的移民工作管理体制以及规范有序的工作机制，是建设移民美丽家园的重要保障。为适应十八大提出的“深化行政体制改革、加强和创新社会管理”的要求，有必要对目前在中央层面多部门管理水利工程移民和水电工程移民，以及移民安置和后期扶持工作的格局进行调整完善，实行统一监督管理，通过“立位、立论、立法”，不断强化政府在移民工作中社会管理、公共服务、维护社会公平正义的职能，保障移民合法权益，维护社会和谐稳定。在部际联席会议框架下，要切实发挥各级移民管理机构在移民后期扶持政策实施中的主体地位和主导作用，本着责权一致的原则，合理界定移民管理机构和部际联席会议相关成员单位的事权，完善既相互协调又相互制约、运转高效的后期扶持工作运行机制，为政策顺利实施提供制度和体制上的保障。要强化监督管理，积极探索全过程监管移民工作的有效机制，不断完善移民安置规划大纲审批和规划审核、移民安置监督评估、后期扶持监测评估等机制，深入开展规划实施稽察和资金内部审计工作，确保移民项目安全、资金安全和干部安全。

大力开展水库移民美丽家园建设行动，努力实现小康社会宏伟目标，既是近 2 400 万为国家作出巨大贡献的移民群众的热切期盼，也是今后 8 年全体移民工作者的共同奋斗目标和历史责任！我坚信，在十八大报告精神的指引下，有各级党委、政府的高度重视和有关部门的关心支持，依靠各级移民管理机构的顽强奋斗，以及广大移民群众的积极参与，这一宏伟目标一定能够实现！

唐传利

农村水电与水库移民司司长（现）

水利部水库移民开发局局长（原）

2015 年 9 月 6 日

前言

“十二五”以来，云南省水库移民工作围绕中心、服务大局，不断创新移民安置方式和后期扶持工作，坚持“试点先行，典型带动，主动作为”的原则，探索出具有云南特色的移民安置方式和后期扶持工作的路径。在移民安置方面，云南省完成水利水电移民搬迁安置 29.4 万人，其中完成水电移民安置 24.15 万人、移民投资近 700 亿元，促进完成水电工程投资近 3 500 亿元、上缴税费 395.4 亿元，保障了水利工程投资 1 500 多亿元。移民搬迁安置工作彻底改善了 29.4 万人的住房、饮用水、交通等生产生活条件，有力地推动了云南省全面建成小康社会、美丽云南、乡村振兴、脱贫攻坚工作。在后期扶持方面，云南省累计下达大中型水库移民后期扶持项目资金 56.14 亿元，下达后期扶持项目计划 5 064 个。其中，下达产业生产开发项目计划 699 个，下达资金 5.29 亿元。已经实施的第一批避险解困试点和第二批避险解困项目涉及帮扶对象 23 078 人，试点方案估算总投资 9.61 亿元；“美丽家园、小康库区”移民新村建设，下达省级移民新村建设计划 100 个、州市 81 个，受益移民 4.7 万人、受益群众 24 万人；开展大中型水库移民后期扶持职业教育招生工作，投入移民职业教育资金 2 653.8 万元，为 1 892 名移民学生减免、补助学费、生活费，并发放特困补贴，组织 17.8 万人次参加劳动力技能和农业实用技能培训，实现移民劳动力转移 6.4 万余人次。后期扶持项目的实施，使全省 403.74 万人次受益，其中受益移民达 54.48 万人次。

2013 年，云南省移民开发局（以下简称云南省移民局）提出了创建“美丽家园、小康库区”的行动。新建工程的水库移民安置应按照“美丽家园、小康库区”的要求建设，老水库移民也应通过后期扶持逐步建成“美丽家园、小康库区”。

这项重大行动实施效果如何？有哪些成功的经验和模式？存在哪些不足？下一步如何改进？全面建设“美丽家园、小康库区”的实践与探索研究是云南省全面建设小康社会、美丽云南、脱贫攻坚的一项调查研究工作，对于云南省水库移民工作和全面建成“美丽家园、小康库区”工作具有重要意义。本书全面系统地总结了“美丽家园、小康库区”工作的成绩，探索下一步云南省水库移民工作的实施路径。

一是全面建设“美丽家园、小康库区”的内涵和指标体系。在“美丽家园、小康库区”概念界定的基础上，从经济发展、生活条件、人居环境、社会发展四个方面构建云南省全面建设“美丽家园、小康库区”的指标体系，为库区和移民安置区全面建设“美丽家园、小康库区”工作提供评价和监督依据。

二是全面建设“美丽家园、小康库区”现状和问题。依据2012年和2016年的相同库区和移民安置区的经济社会调查数据，对云南省新老水利水电工程库区和移民安置区经济社会发展、移民收入水平变化和生产生活条件等方面进行对比分析，总结全省创建“美丽家园、小康库区”工作取得的成就。同时，分析了已建水库库区和移民安置区在自然环境、发展基础、后期扶持、新建水利水电工程移民安置等面临的主要问题，总结出云南省全面建设“美丽家园、小康库区”存在经济发展、生活水平、社会发展、居住环境等共性问题。

三是全面建设“美丽家园、小康库区”移民工作的实践。重点分析了云南省水利水电工程移民安置、水库移民后期扶持、大中型水库移民脱贫攻坚工作取得的主要成就。在此基础上，总结和提炼了同步推进移民安置与后续产业发展、移民产业发展、移民新村建设、多方整合资金、避险减困、资产股权量化和社会管理等云南典型模式，为云南省和其他省市全面建设“美丽家园、小康库区”提供借鉴经验。

四是全面建设“美丽家园、小康库区”的探索。全面建设“美丽家园、小康库区”工作，需要创新水利水电移民安置工作，精准实施移民增收致富产业、移民技能培训和职业教育、移民新村建设、后扶项目和资金管理等后期扶持工作，制定集中连片特殊困难地区脱贫攻坚方案，扎实推进避险减困、做好扶贫济困工作，做好社会保障工作，构建“美丽家园、小康库区”建设与脱贫攻坚的协同机制，精准实施水库移民脱贫攻坚工作。

五是全面建设“美丽家园、小康库区”的保障机制。提出建立相关配套政策，强化建设工作的组织领导和分工协作、建设工作纳入地方政府相关发展规划、完善建设工作的参与机制、强化监督和考核机制和项目管理等保障机制。

本书编撰人员通过对全省范围的典型和重点库区和移民安置区实地调查和访谈，收集和分析了楚雄州楚雄市、大理州祥云县、大理州宾川县、曲靖市麒麟区、曲靖市罗平县、曲靖市会泽县、昭通市水富县、玉溪市元江县、玉溪市红塔区、红河州蒙自市、红河州红河县、红河州建水县、普洱市墨江县、文山州文山县市、丽江市永胜县等水库移民较多的州市县48个移民村经济社会数据，分别对移民与当地居民、2012年与2016年经济社会调查数据进行了对比分析，形成以下结论：2013年以来云南省通过实施“美丽家园、小康库区”工作，移民的可支配收入水平得到较快增长，已经接近当地居民可支配收入水平。移民群众的砖混（砖木）结构住房、水电路等基础设施、村庄绿化、产业发展、培训教育等方面明显高于当地居民的平均水平，全面建设“美丽家园、小康库区”工作取得阶段性成就。

云南省全面建设“美丽家园、小康库区”的实践与探索研究具有研究范围广、研究内容复杂、基底调查范围广、指标体系复杂的特点。云南省移民局在课题研究思路、技术路线、调研范围等方面与课题组一起讨论了本书大纲和研究重点内容，对典型案例和经验的选取样本方面向编撰小组提出了宝贵意见。云南省移民局政策法规处、扶持处、规划安置一处、规划安置二处、水利规划安置处等处室向本课题提供了大量数据、政策文件、移民安置规划报告和后期扶持规划报告等材料，为本书奠定了扎实的研究基础。同时，水利部农村水电与水库移民司、贵州省水库和生态移民局、江苏省移民办等单位领导和专家在课题研究思路、技术路线设计、研究重点等方面给予大力支持，并且提出宝贵意见，在此一并感谢。

目录

附表

附图

第一章

全面建设“美丽家园、小康库区”内涵与指标体系

第一节 “美丽家园、小康库区”的内涵

一、全面建成小康社会的提出和内涵

（一）小康社会的提出和发展

《诗经》的《诗经·大雅·民劳》中说：“民亦劳止，汔可小康。”康有为依据《春秋》公羊三世说和《礼运》中的“小康”“大同”说，运用今文经学的交易哲学，表述了人类历史的三个阶段，即由“据乱”进为“升平”（小康），由“升平”进为“太平”（大同）。小康社会是古代思想家描绘的理想社会，也表现了普通百姓对宽裕、殷实的理想生活的追求。

1979年12月6日，邓小平在会见日本首相大平正芳时说：“我们的四个现代化的概念，不是像你们那样的现代化的概念，而是‘小康之家’。”（《邓小平文选》第2卷第237页）1984年3月25日，邓小平在会见日本首相中曾根康弘时说：“翻两番，国民生产总值人均达到八百美元，就是到20世纪末在中国建立一个小康社会。这个小康社会，叫做中国式的现代化。翻两番、小康社会、中国式的现代化，这些都是我们的新概念。”。这个新概念的提出，为我国的现代化建设提出了一个明确的奋斗目标。1987年4月30日，邓小平在会见西班牙客人时明确提出了“三步走”的战略构思：“第一步在80年代翻一番。以1980年为基数，当时国民生产总值人均只有250美元，翻一番，达到500美元，解决人民

的温饱问题；第二步是到 20 世纪末，再翻一番，人均达到 1 000 美元，进入小康社会。第三步，在下世纪再用 30 到 50 年的时间，再翻两番，大体上达到人均 4 000 美元，基本实现现代化，达到中等发达国家的水平”①。

20 世纪 90 年代中期，以江泽民为核心的党中央领导集体就开始对实施第三步战略部署进行了前瞻性的战略思考。1997 年 9 月，党的十五大把第三步战略部署具体化，把第三个战略再次划分为一个新的“三步走”，并提出从新世纪开始，我国将进入全面建设小康社会，加快推进社会主义现代化的新的发展阶段。2000 年我国如期宣布实现“总体小康”，但是这种小康还只是一个低标准、偏重物质消费、发展不平衡不全面的小康②。

2002 年 11 月，党的十六大正式提出全面建设小康社会的奋斗目标。2007 年 10 月，党的十七大提出了实现全面建设小康社会奋斗目标的新要求，把中国特色社会主义社会建设纳入全面建设小康社会的范畴，继续全面建设小康、加快推进社会主义现代化。2012 年，党的十八大站在新的历史起点上明确指出，我国进入全面建成小康社会的决定性阶段，进一步丰富了我国小康社会的基本内涵。

2017 年 10 月 18 日，在党的十九大上，习近平总书记的报告全面分析了中国特色社会主义进入新时代后的新形势和新要求，提出从现在起到 2020 年，是“全面建成小康社会决胜期”，要坚持不懈地作出努力，确保全面建成小康社会作为第一个百年奋斗目标如期实现。在此基础上，“乘势而上开启全面建设社会主义现代化国家新征程，向第二个百年奋斗目标进军”。党的十九大提出，“中国特色社会主义进入新时代，我国社会主要矛盾已经转化为“人民日益增长的美好生活需要和不平衡不充分的发展之间的矛盾”。我国稳定解决了十几亿人的温饱问题，总体上实现小康，不久将全面建成小康社会，人民美好生活需要日益广泛，不仅对物质文化生活提出了更高要求，而且在民主、法治、公平、正义、安全、环境等方面的要求日益增长。”③

---

① 小康社会. 人民网[日期 2016-10-15]. http://dangshi.people.com.cn/GB/165617/166499/9981544.html

② 张占斌，高立菲. 全面建成小康社会：衡量标准与科学内涵[J]. 人民论坛·学术前沿，2016，(18)：6-16.

③ 中国共产党第十九次全国代表大会文件汇编. 人民出版社. 2017 年版. 第 22 页。

（二）全面建成小康社会的内涵

全面建成小康社会，核心就在“全面”，我们追求的是多领域协同发展、不分地域、不让一个人掉队、不断发展的全面小康。

首先，从内容上看，全面建成小康社会是经济、政治、文化、社会、生态文明建设五位一体的全面小康，是不可分割的整体。在经济建设方面，要实现经济持续健康发展，包括转变经济发展方式取得重大进展，工业化基本实现，信息化水平大幅度提升，城镇化质量明显提高，农业现代化和社会主义新农村建设成效显著，区域协调发展机制基本形成等。在政治建设方面，要使得人民民主不断扩大，包括民主制度更加完善，民主形式更加丰富，依法治国方略全面落实，法治政府基本建成，司法公信力不断提高等内容。在文化建设方面，文化软实力显著增强，包括社会主义核心价值体系深入人心，公民文明素质和社会文明程度明显提高，文化产业成为国民经济支柱产业，文化产业走出去迈出更大步伐等。在社会建设方面，要使得人民生活水平全面提高，包括基本公共服务均等化、教育现代化基本实现，就业更加充分，收入分配差距缩小，扶贫对象大幅减少等。在生态文明建设方面，使得资源节约、环境友好型社会建设取得重大进展，包括主体功能区布局基本形成，资源循环利用体系初步建立，单位国内生产总值能耗和主要污染物排放总量显著减少等。

其次，从区域来看，到 2020 年全面建成小康社会意味着全国各个地区都要迈入小康社会，而不是一部分地区进入小康社会，其他地区还处在贫困状态。但这并不等于说所有地区在同一天迈入小康社会。全面建成小康社会最艰巨最繁重的任务在农村，特别是在贫困地区，而发达地区则要向更高水平的小康迈进，尽管有先有后，有快有慢，但是，在整个社会经济持续健康发展的情况下，通过产业接替、结构转型升级，区域间的发展差距会越来越小，所有地区按时全面建成小康社会的目标可以实现。

最后，从发展的角度看，小康社会是从温饱向富裕过渡的阶段，其标准是动态的而不是静态的，是不断发展的而不是固定不变的，但也不是无限提高的。随着生产力发展和社会不断进步，小康社会的标准也在不断调整。1979 年邓小平同志提出中国建设小康社会的目标，即到 20 世纪末要达到第三世界中比较富裕的国家的水平，比如国民生产总值人均 1 000 美元，也还得付出很大努力。

这是从当时中国的发展水平出发的，但随着时间推移和实践发展，中国特色社会主义的总体布局由经济、政治、文化三位一体到经济、政治、文化、社会四位一体，再到党的十八大提出经济、政治、文化、社会、生态文明五位一体的全面建成小康社会的战略目标，不仅覆盖的领域在扩大，每一领域的标准也在不断提高。全面建成小康社会只是我国经济社会发展的一个阶段性目标，而不是终极目标。在这一目标实现之后，我国将继续实现下一个奋斗目标，即到新中国成立一百年时建成富强、民主、文明、和谐的社会主义现代化国家。

二、美丽乡村的提出和内涵

（一）美丽乡村的提出和发展

自 2004 年以来，中央政府先后明确提出推进城乡统筹发展、建设社会主义新农村、全面建设小康社会、推行新型城镇化等一系列旨在促进农村发展和城乡统筹的战略性引导政策。2005 年，中央政府以破解“三农”问题为核心，提出了“社会主义新农村建设”战略，第一次将农村的建设放在了国家发展战略的高度。

社会主义新农村建设的内涵为“生产发展、生活宽裕、村容整洁、乡风文明、管理民主”五个方面，涵盖了经济发展、生活水平、生活环境、文化习俗以及自我管理等多个领域，但重点还是矛盾最突出、最受关注和见效快的方面，如农村经济的增长、农民收入的提高以及农村基础设施的建设，因而有了取消农业税和加强农村基础设施建设的政策，但生态环境的治理和文化习俗并未得到有效改善。

“美丽乡村”是新农村建设的延续和发展，它在传承新农村建设发展思路的同时，又赋予了其生态文明内涵，将农村生态环境的治理放在了重要突出的位置。2008 年，浙江省安吉县正式提出“中国美丽乡村”计划，出台《建设“中国美丽乡村”行动纲要》，为我国新农村建设提出一条新的发展道路，并逐渐在全国推广开来。

习近平总书记曾经在 2013 年讲到，中国要强，农业必须强，中国要富，农民必须富，中国要美，农村必须美，建设美丽中国，必须建设好美丽乡村。农业部于 2013 年启动了“美丽乡村”创建活动，美丽乡村涵盖了农村发展的方方面面，将农村生态环境的整治放在突出位置，彻底改变过去新农村建设中重视经济增长忽视环境保护，重视收入提高忽视生活质量的局面。

2015年中央一号文件《关于加大改革创新力度加快农业现代化建设的若干意见》明确提出"中国要美，农村必须美。繁荣农村，必须坚持不懈推进社会主义新农村建设。要强化规划引领作用，加快提升农村基础设施水平，推进城乡基本公共服务均等化，让农村成为农民安居乐业的美丽家园。"进一步强化了对农村生态环境的重视，促进美丽乡村建设的进程。

（二）美丽乡村的内涵

美丽乡村的内涵包括以下几个方面：一是环境优美。基础设施完善，公共设施服务均等。二是人口聚集适度。保有人口居住，人口规模适中，人口结构合理。三是居民群体新型。要培育四有四型农民，包括有一定文化知识，有娴熟的技术技能，有较高的文化素质。四是村落风貌优美。包含优美自然的生态景观，独具特色的村落布局，特色鲜明的街巷建筑，风格独特的居民院落。五是文化传承良好。包括保护历史文化，传承民风民俗，彰显精神文明。六是特色模式鲜明，包括发展模式独具体系，建设模式科学合理，治理模式探索创新。七是发展体系可持续。包括坚实的产业循环支撑。稳定的居民增收渠道，合理的集体经济规模，良性的建设投入机制。①

三、"美丽家园、小康库区"的内涵

"美丽家园、小康库区"的内涵包括以下几个方面：

（1）"美丽家园"主要包括生态环境美、居住环境美和社会环境美。

首先，生态和谐是落实可持续发展的基石，环境美是人与自然关系和谐之美的表现，没有美好的环境就不可能有美好的生活，美好的生活是人类永恒的追求，是社会主义追求国家繁荣富强的意义所在。党的十八大报告指出"调整空间结构，促进生产空间集约高效、生活空间宜居适度、生态空间山清水秀，给自然留下更多修复空间，给农业留下更多良田，给子孙后代留下天蓝、地绿、水净的美好家园"，就是强调社会主义建设中的经济开发活动要以保持和创造美

① 美丽乡村建设的内涵与路径.搜狐网. 2018-02-26.

好的自然环境为前提。在建设"美丽云南"的过程中，各地要做到"宁可牺牲一点发展速度，也要守住良好的生态环境，绝不能以牺牲环境、破坏生态为代价换取一时的发展"。良好的生态环境本身就是云南省的优势，所以建设"美丽家园"不能忽视对生态环境的保护，要使良好的生态环境成为建设"美丽家园"的自然基础。

其次，居住环境美应该成为"美丽家园"的一个硬性指标，在生态环境美的基础上，"美丽家园"还要为移民提供良好的硬件和软件设施。一个好的居住环境必须在舒适性、方便性、安全性、卫生性、生态性和美观性六个方面满足社区居民的需求，这六方面性能需要通过居住地基础设施建设来提升。住房条件的改善有助于舒适性地提升；方便性的提升主要体现在道路交通设施的改善，通过这类设施的改善方便移民外出购物及其子女上下学；安全性的提升需要加强村庄安全管理，提高移民的安全意识；卫生性要通过修建生活污水、垃圾处理设施来提升；生态性的提升一方面要关注村庄自身的绿化建设，另一方面也要注意与周围环境的融合；美观性包括硬件的美观性和软件的美观性，前者需要改善房屋等基础设施，后者则需要注重环境的保护。乡村的基础设施建设一直是云南省的短板，在生态环境建设处于优势地位的情况下，不能让居住环境这一短板影响"美丽家园"建设。所以，"美丽家园"应包含居住环境之美，通过加强教育、卫生、科技、文化体育等基础设施建设，为"美丽家园"打下坚实的物质基础。最后，人"不仅生活在自然界中，而且生活在人类社会中"，对于移民来说，安置地社会环境的好坏直接影响他们建设"美丽家园"的积极性。如果移民安置区存在很多社会问题，例如村干部的腐败、村庄安全存在重大隐患、酗酒、赌博、吸毒等，这将会严重影响移民对于新环境的归属感，进而影响移民群众建设"美丽家园"的积极性。

建设和谐美丽的社会环境，首先要坚持科学发展观，构建和谐社会，实现人与人、人与社会的和谐发展；要实现基本公共服务均等化，形成覆盖农村的基本公共服务体系；要强化公共安全体系，形成有效的社会管理体制与机制。其次要进一步完善民主法制建设，做到村干部选举的公开、公平、公正，保障移民参政议政的权力。再次要以保障和改善民生为出发点和落脚点。要实现好、维护好、发展好最广大人民群众最关心、最直接、最现实的利益问题，始终把人民群众的利益作为第一追求，实实在在为群众办实事、解难题。在学有所教、劳有所得、病有所医、老有所养、住有所居上取得新进展，努力形成一个民有所呼、我有所应，民有所求、我有所动，民有所盼、我有所应，民有所难，我有所解的和谐发展的美丽社会。如果没有和谐的社会环境，就不会有全社会齐心协力为建设“美丽家园”做出努力，“美丽家园”就难以实现，因此，“美丽家园”应包括社会环境之美，要使和谐的社会环境成为建设“美丽家园”的社会基础。

综上所述，“美丽家园”的内涵可以理解为美在生态环境，美在居住环境和美在社会环境。“美丽家园”是规划科学、布局合理、环境优美的秀美之村，是家家能生产、户户能经营、人人有事干、个个有钱赚的富裕之村，是传承历史、延续文脉、特色鲜明的魅力之村，是功能完善、服务优良、保障坚实的幸福之村，是创新创造、管理民主、体制优越的活力之村。建设“美丽家园”的提出，实质上是对生态环境、社会环境和居住环境建设提出了更高要求并指明了进一步发展的方向，为中国特色社会主义全面发展和完善奠定基础。

(2) “小康库区”主要包括经济发展、生活水平、社会发展和生态环境四个方面的内容。

“小康库区”中“小康”是反映居民生活水平改善程度的标准，类似于国际上通用的生活质量的含义，一般包含三层意思，即物质生活状况（如食品、衣着、住房、交通等）、生活环境状况（如空气是否清新、交通是否拥挤以及水质和绿化状况）和社会环境状况（如社会秩序与安全感、社会道德风尚等）。而小康是中国式的概念，它的提出与发展同样具有历史性，既反映历史的进步、时代的特征，又体现政治、经济和社会发展水平，同时，随着社会的发展，它的内涵也会不断地丰富和发展。因此，“小康”一词从提出到完善，经历了一个内涵不断扩大、由定性到定量、定性与定量相结合的过程。

党的十七大提出，为实现全面建设小康社会奋斗目标提出“五个新要求”，“2020 年人均国内生产总值比 2000 年翻两番”。

党的十八大提出，2020 年实现全面建成小康社会宏伟目标，“国内生产总值和城乡居民人均收入比 2010 年翻一番”，“在新中国成立一百年时建成富强民主文明和谐的社会主义现代化国家”。

党的十九大，是在决胜全面建成小康社会、开启全面建设社会主义现代化国家新征程的关键时期召开。在解决人民温饱问题、人民生活水平总体上达到小康水平这两个目标已经提前实现的基础上，党中央综合分析国际国内形势和我国发展条件，将“实现现代化”的目标又分为两个阶段来安排：“基本实现社会主义现代化”目标定于2035年，过15年建成“社会主义现代化强国”。

从“小康社会”到“全面建设小康社会”，到“全面建成小康社会”，随着中国经济社会的不断进步，“小康社会”的要求愈加丰富，路径愈加清晰。

在借鉴小康社会的基本含义、我国全面小康社会建设的目标的基础上，结合我国水利水电工程建设中库区和移民安置区的特殊性，界定了小康库区的内涵。

小康库区是指水利水电工程建设中的库区和移民安置区通过发展库区经济、提高移民生活水平、健全社会民主法治、维护生态稳定等方式，紧跟我国全面建设小康社会的步伐，建设成为经济稳步发展的、移民生活殷实的、社会和谐稳定的、生态文明可持续的库区及移民安置区。小康库区是我国全面建设小康社会的一部分，它包含经济发展、生活水平、社会发展和生态环境等四个方面的内容。

(3)“美丽家园、小康库区”的内涵集中体现在四个方面：

一是经济发展要形成“新格局”。加快建设现代农业，实现产业结构调整，加大二、三产业比重，拓展移民收入渠道，提高移民收入，是全面建设“美丽家园、小康库区”的首要任务；

二是生活条件实现“新提高”。完善基础设施建设，千方百计提高移民生活质量，是全面建设“美丽家园、小康库区”的根本目标；

三是社会发展倡导“新方向”。夯实社会保障制度，大力发展教育事业，健全公共服务体系，是全面建设“美丽家园、小康库区”的有力保障；

四是人居环境呈现“新变化”。加强生态环境保护，合理利用自然资源，改善移民居住环境，是全面建设“美丽家园、小康库区”的重要内容。

云南省水利水电工程库区和移民安置区全面建设“美丽家园、小康库区”的内涵，概况来讲是指“农业要强、农民要富、农村要美”。

综合以上分析，“美丽家园、小康库区”是指“社会经济发展水平更高、文化生活丰富和精神文明繁荣、可持续发展、资源节约型、环境友好型、人民生活全面改善的库区和移民安置区”。

第二节 “美丽家园、小康库区”指标体系

一、“美丽家园、小康库区”的相关指标

（一）全面建成小康社会指标

根据国家统计局 2013 年颁布的《全面建成小康社会统计监测指标体系》，全面建成小康社会统计监测指标体系包括五个主要监测指标，具体包括：(1) 经济发展；(2) 民主法制；(3) 文化建设；(4) 人民生活；(5) 资源环境。监测指标、具体指标和西部地区的目标值(方案二)如表 1-1。

表 1-1 全面建成小康社会统计监测指标体系

监测指标	权重		具体指标	权重	计量单位	目标值(方案一)	目标值(方案二)		
							东部地区	中部地区	西部地区
经济发展	22.0	1	人均 GDP(2010 年不变价)	4	元	≥57 000	比 2010 年翻一番		
		2	第三产业增加值占 GDP 比重	2	%	≥47	≥50	≥47	≥45
		3	居民消费支出占 GDP 比重	2.5	%	≥36	≥36		
		4	R&D 经费支出占 GDP 比重	1.5	%	≥2.5	≥2.7	≥2.3	≥2.2
		5	每万人口发明专利拥有量	1.5	件	≥3.5	≥4	≥3.2	≥3.0
		6	工业生产率	2.5	万元/人	≥12	≥12		
		7	互联网普及率	2.5	%	≥50	≥55	≥50	≥45
		8	城镇人口比重	3	%	≥60	≥65	≥60	≥55
		9	农业劳动生产率	2.5	万元/人	≥2	≥2		
民主法制	14	10	基层民主参选率	3.5	%	≥95	≥95		
		11	每万名公务人员检察机关立案人数	3.5	人/万人	≤8	≤8		
		12	社会安全指数	4	—	=100	=100		
		13	每万人口拥有律师数	3	人	≥2.3	≥2.3		

续 表

监测指标	权重		具体指标	权重	计量单位	目标值(方案一)	目标值(方案二)		
							东部地区	中部地区	西部地区
文化建设	14.0	14	文化及相关产业增加值占GDP比重	3	%	≥5	≥5		
		15	人均公共文化财政支出	2.5	元	≥150	≥150		
		16	有线广播电视入户率	3	%	≥60	≥60		
		17	每万人口拥有“三馆一站”公用房屋建筑面积	2.5	平方米	≥400	≥400		
		18	城乡居民文化娱乐服务支出占家庭消费支出比重	3	%	≥5	≥5		
人民生活	28	19	城乡居民人均收入(2010年不变价)	4	元	≥25 000	比2010年翻一番		
		20	地区人均基本公共服务支出差异系数	1.5	%	≤60	≤60		
		21	失业率	2	%	≤6	≤6		
		22	恩格尔系数	2	%	≤40	≤40		
		23	基尼系数	1.5	—	0.3～0.4	0.3～0.4		
		24	城乡居民收入比	1.5	以农为1	≤2.8	≤2.6	≤2.8	≤3.0
		25	城乡居民家庭人均住房面积达标率	2	%	≥60	≥60		
		26	公共交通服务指数	2	—	=100	=100		
		27	平均预期寿命	2	岁	≥76	≥76		
		28	平均受教育年限	2	年	≥10.5	≥10.5		
		29	每千人口拥有执业医师数	1.5	人	≥1.95	≥1.95		
		30	基本社会保险覆盖率	3	%	≥95	≥97	≥95	≥93
		31	农村自来水普及率	1.5	%	≥80	≥85	≥80	≥75
		32	农村卫生厕所普及率	1.5	%	≥75	≥80	≥75	≥70
资源环境	22	33	单位GDP能耗(2010年不变价)	3	吨标准煤/万元	≤0.6	≤0.55	≤0.62	≤0.65
		34	单位GDP水耗(2010年不变价)	3	立方米/万元	≤110	≤105	≤110	≤115

续 表

监测指标	权重		具体指标	权重	计量单位	目标值（方案一）	目标值（方案二）		
							东部地区	中部地区	西部地区
资源环境	22	35	单位 GDP 建设用地占用面积（2010 年不变价）	3	公顷/万元	≤60	≤55	≤62	≤65
		36	单位 GDP 二氧化碳排放量（2010 年不变价）	2	吨/万元	≤2.5	—		
		37	环境质量指数	4	—	=100	=100		
		38	主要污染物排放强度指数	4	—	=100	=100		
		39	城市生活垃圾无害化处理率	3	%	≥85	≥90	≥85	≥80

资源来源：《全面建成小康社会统计监测指标体系》，国家统计局，2013 年。

（二）云南省美丽乡村建设指标①

云南省美丽乡村建设是根据中央提出社会主义新农村建设“生产发展、生活宽裕、乡风文明、村容整洁、管理民主”的总要求，按照“统筹布点、整合项目、聚集资金、整体打造、综合示范、集中连片、整体推进”的建设思路，省级整合各类新农村建设试点示范资金，以县为平台，带动各级各部门支农项目资金加大投入，推进以中心村、特色村和传统村落为重点的美丽乡村建设，全面改善农村生产生活条件，打造升级版新农村。主要提出以下五个方面的建设指标及其目标值，如表 1-2 所示。

表 1-2 云南省美丽乡村建设指标

建设内容	具体指标	目标值
秀美之村	村庄建设规划及规划执行率	100%
	河道、沟渠、水塘整治率	≥80%
	村庄绿化覆盖率	≥40%
	生活污水集中处理率	≥70%
	农村生活垃圾定点存放清运率	≥70%
	畜禽粪便有效处置及综合利用率	≥70%

① 资料来源：《中共云南省委 云南省人民政府关于推进美丽乡村建设的若干意见》（云发〔2014〕13号），2014 年 7 月 23 日。

续 表

建设内容	具体指标	目标值
富裕之村	农村常住居民人均可支配收入	≥本地平均水平
	户均有致富产业	—
	接受过农业技能培训	≥1(人)
	科技明白人和农村科技辅导员	≥1(人)
	农民专业合作社	≥1(个)
	农村劳动力非农从业人员比重	≥50%
魅力之村	村庄传统民居风格、古建筑及古树名木保存完好	—
	村庄建设有民族文化等特色	—
	公益性墓地及坟墓治理	100%
	农村精神文明创建活动深入开展	—
	农村社会和谐稳定	—
幸福之村	安全抗震安居房	有
	安全饮用水普及率	≥80%
	村内道路硬化率	≥90%
	通电率	100%
	广电网、电信网、互联网通村到户	—
	农村社会养老保险和合作医疗保险	100%
	五保老人集中供养率	≥90%
	适龄儿童入学率和义务教育入学率	100%
	九年巩固率	≥97%
	村集体经济和村集体资产	有
活力之村	基层服务型党组织建设取得明显成效	—
	群众对村级领导班子满意率	≥90%
	村民自治制度健全、机制完善	—
	农户建设美丽乡村积极性高，农村改革步伐加快	—
	农村“资金、资产、资源”管理制度健全完善	—
	农村土地股份合作社得到发展	—
	农村土地、住房确权登记颁证快速推进	—

（1）秀美之村。村庄建设规划及规划执行率100%，河道、沟渠、水塘整治率达80%以上，村庄绿化覆盖率40%以上，生活污水集中处理率70%以上，农村生活垃圾定点存放清运率70%以上，畜禽粪便有效处置及综合利用率70%以上。

（2）富裕之村。农村常住居民人均可支配收入高于本地平均水平，户均有致富产业、有1人以上接受过农业技能培训，每村有1名以上科技明白人和农村科技辅导员、有1个以上带动能力强的农民专业合作社，农村劳动力非农从业人员比重达50%以上。

（3）魅力之村。村庄传统民居风格、古建筑及古树名木保存完好，村庄建设有民族文化等特色，公益性墓地及坟墓治理100%，农村精神文明创建活动深入开展，文体活动丰富多彩，邻里和睦，民族团结，尊老爱幼，诚实守信，崇尚科学，移风易俗，无重大刑事案件和群体性事件，农村社会和谐稳定。

（4）幸福之村。户有安全抗震安居房，安全饮用水普及率80%以上，村内道路硬化率90%以上，通电率100%，广电网、电信网、互联网通村到户，基本实现农村社会养老保险和合作医疗保险全覆盖，五保老人集中供养率90%以上，适龄儿童入学率和义务教育入学率100%、九年巩固率97%以上，有村集体经济和村集体资产。

（5）活力之村。基层服务型党组织建设取得明显成效，群众对村级领导班子满意率达到90%以上，村民自治制度健全、机制完善，农户建设美丽乡村积极性高，农村改革步伐加快，农村“资金、资产、资源”管理制度健全完善，农村土地股份合作社得到发展，农村土地、住房确权登记颁证快速推进。

（三）云南省高原特色小镇指标①

2017年3月30日，省政府印发了《云南省人民政府关于加快特色小镇发展的意见》（云政发〔2017〕20号）。云南省将采用“自愿申报、宽进严定、动态管理、验收命名”创建制的方式来推进特色小镇建设。高原特色小镇是指聚焦特色产业和新兴产业，具有鲜明的产业特色、浓厚的人文底蕴、完善的服务设施、优美的生态环境，集产业链、投资链、创新链、人才链和服务链于一体，产业、城镇、人

① 资料来源：《云南省人民政府关于加快特色小镇发展的意见》（云政发〔2017〕20号），2017年3月30日。

口、文化等功能有机融合的空间发展载体和平台。发展特色小镇有利于推动云南省经济转型升级和发展功能转换，有利于推进新型城镇化建设，有利于精准扶贫、精准脱贫，有利于推动大众创业、万众创新，有利于形成新的经济增长点，有利于引领云南省库区和移民安置区人民生产生活方式转变和促进社会文明进步。云南省高原特色小镇创建指标体系，主要从以下几个方面构建。

(1) 用地指标。每个特色小镇规划面积原则上控制在 3 平方公里左右，建设面积原则上控制在 1 平方公里左右。根据产业特点和规模，旅游休闲类、高原特色现代农业类、生态园林类特色小镇可适当规划一定面积的辐射带动区域。

(2) 投入指标。2017—2019 年，创建全国一流特色小镇的，每个累计新增投资总额目标完成 30 亿元以上；创建全省一流特色小镇的，每个累计新增投资总额目标完成 10 亿元以上。2017、2018、2019 年，每个特色小镇须分别完成投资总额的 20%、50%、30%。建成验收时，每个特色小镇产业类投资占总投资比重、社会投资占总投资比重均要达到 50%以上。

(3) 基础设施指标。创建全国一流旅游休闲类特色小镇的，要求按照国家 4A 级及以上旅游景区标准建设；创建全省一流旅游休闲类特色小镇的，要求按照国家 3A 级及以上旅游景区标准建设。每个特色小镇建成验收时，集中供水普及率、污水处理率和生活垃圾无害化处理率均须达到 100%；均要建成公共服务 APP，实现 100M 宽带接入和公共 WIFI 全覆盖；均要配套公共基础设施、安防设施和与人口规模相适应的公共服务设施；至少建成 1 个以上公共停车场，有条件的尽可能建设地下停车场。

(4) 产出效益指标。2017—2019 年，创建全国一流特色小镇的，每个特色小镇的企业主营业务收入(含个体工商户)年均增长 25%以上，税收年均增长 15%以上，就业人数年均增长 15%以上；创建全省一流特色小镇的，每个特色小镇的企业主营业务收入(含个体工商户)年均增长 20%以上，税收年均增长 10%以上，就业人数年均增长 10%以上。

二、云南省“美丽家园、小康库区”指标体系

基于上述“美丽家园、小康库区”相关指标的分析，结合云南省建设“美丽家园、小康库区”的实践，课题组先后组织多次“美丽家园、小康库区”指标体系论

证会，来自水利工程、移民科学与管理、城乡规划、社会管理等方面的专家对现行小康社会、美丽乡村等指标进行多次比选，最终确定从上述指标中选取与移民工作密切相关的指标，构建新的“美丽家园、小康库区”的指标体系。该指标体系主要由经济发展、生活条件、人居环境与社会发展4个方面组成。

表1-3　云南省库区和移民安置区“美丽家园、小康库区”评价指标框架

名称	分类	指标
美丽家园小康库区	经济发展	人均地区生产总值
		移民人均年纯收入
		移民非农收入占总收入的比重
		第二、三产业劳动力比重
		第二、三产业增加值占GDP比重
	生活条件	移民人均砖混(木)结构住房面积
		恩格尔系数
		移民贫困户比重
		危房比重
		道路硬化率
	人居环境	生活垃圾无害化处理率
		清洁能源使用率
		农村安全饮用水户数比重
		村庄绿化覆盖率
		村民文化活动场所
	社会发展	新型农村合作医疗参保率
		新型农村社会养老保险参保率
		平均受教育年限
		高中毛入学率
		万人拥有医护人员数

（一）经济发展指标

① 人均地区生产总值（元）。也称作“人均GDP”，指一定时期内按平均常住人口计算的地区生产总值。地区生产总值（GDP）是指一个国家（或地区）所有常住单位在一定时期内生产活动的最终成果，是衡量各国人民生活水平的一

个标准。计算公式：

$$人均地区生产总值=\frac{GDP}{年平均常住人口} \tag{1-1}$$

② 移民人均年纯收入。指按人口平均计算的移民户当年从各个来源得到的总收入相应地扣除有关费用性支出后的收入总和。包括货币收入和自产自用的实物收入，不包括向银行、信用社和亲友借款等属于借贷性的收入。移民人均纯收入是一个重要的经济指标，也是现阶段唯一能够从总体上反映移民实际收入水平的综合性指标，且能够进行不同库区之间的比较。

$$移民人均年纯收入=货币收入+实物收入 \tag{1-2}$$

③ 移民非农收入占总收入的比重。指在一定时期内(通常为一年)，移民的非农业收入与其总收入的比值。

$$移民非农收入占总收入的比重=\frac{非农收入}{总收入}\times 100\% \tag{1-3}$$

④ 第二、三产业劳动力比重。第二、三产业劳动力比重是指一个国家或地区第二和第三产业从业人员在全社会从业人员中所占的比重。它是衡量某一地区工业化程度的指标，同时，也可以反映农村地区城镇化水平。第二、三产业劳动力比重的增加，将有力提高工业化程度，推进城镇化发展，促进农村劳动力转移，并增加更多的非农就业机会，经济发展水平也会越高。

$$二、三产业劳动力比重=\frac{第二产业从业人员+第三产业从业人员}{全社会从业人员}\times 100\% \tag{1-4}$$

⑤ 第二、三产业增加值占 GDP 比重。它是指第二产业、第三产业实现的增加值之和在全部地区生产总值中所占的比重。我国的三次产业划分是：第一产业：农业(即农林牧渔业)；第二产业：工业(包括采矿业、制造业、电力燃气及水的生产和供应业)、建筑业；第三产业：除第一、第二产业以外的其他各行业。计算公式：

$$二、三产业增加值占GDP比重=\frac{第二产业增加值+第三产业增加值}{地区生产总值(GDP)}\times 100\% \tag{1-5}$$

（二）生活条件指标

① 移民人均砖混(木)结构住房面积。指移民按人平均的砖混结构和砖木结构住房的室内面积。房屋面积从内墙线算起，不包括房屋结构(如墙、柱)占用的面积，多层建筑按各层面积总和计算。移民人均砖混(木)结构住房面积是反映移民居住质量的重要指标。居住条件是人们生活质量高低的显著标志。居住质量一方面反映了农村居民的富裕程度，另一方面反映了农村经济和社会文明的进步程度。资料来源：移民部门。

② 恩格尔系数。指移民用于食品消费的支出占生活消费支出的比重。食品消费支出是指居民用于主食、副食、其他食品以及在外饮食的支出总和。恩格尔系数越大，表示生活越贫困；反之，表示生活越富裕。根据国际经验，恩格尔系数 0.6 以上为贫困；0.5～0.6 为温饱；0.4～0.5 为小康；0.3～0.4 为富裕；0.3 以下为最富裕。资料来源：统计部门。计算公式：

$$\text{恩格尔系数}=\frac{\text{食品消费支出}}{\text{生活消费总支出}} \tag{1-6}$$

③ 移民贫困户比重。指在移民群体中，贫困户数占总户数的比例，它是反映地区贫困广度的重要指标。资料来源：扶贫部门。计算公式：

$$\text{移民贫困户比重}=\frac{\text{地区贫困线以下移民户数}}{\text{地区移民总数}}\times 100\% \tag{1-7}$$

④ 危房比重(%)。危房指结构已严重损坏或承重构件已属危险构件，随时有倒塌可能，丧失结构稳定和承载能力，不能保证居住和使用安全的房屋。危房比重如果过高会严重影响住房的安全性。资料来源：移民部门。计算公式：

$$\text{危房比重}=\frac{\text{危房数}}{\text{房屋总数}}\times 100\% \tag{1-8}$$

⑤ 道路硬化率(%)。指道路路面中已硬化里程与总里程之比。硬化路面就是在已经形成的道路路面上面覆盖硬化层如沥青、混凝土等。资料来源：交通部门。计算公式：

$$\text{道路硬化率}=\frac{\text{硬化道路里程}}{\text{道路总里程}}\times 100\% \tag{1-9}$$

（三）人居环境指标

① 生活垃圾无害化处理率(%)。指经无害化处理的某地区生活垃圾数量占该地区生活垃圾产生总量的百分比。生活垃圾无害化处理方法主要有卫生填埋、焚烧、堆肥等三种处理方法，卫生填埋、焚烧、堆肥以及经分选、消毒、加工利用的生活垃圾量，均计算为生活垃圾无害化处理量。资料来源：住建和环保部门。计算公式：

$$生活垃圾无害化处理率=\frac{生活垃圾无害化处理量(万吨)}{生活垃圾产生总量(万吨)}\times100\% \tag{1-10}$$

② 清洁能源使用率(%)。指某地区清洁能源使用量与该地区终端能源消费总量之比。清洁能源指消耗后不产生或很少产生污染物的一次能源和二次能源，包括太阳能、风能、水能、地热、潮汐、沼气、天然气、煤气、电能等。考虑到云南库区和移民安置区的实际情况，在“美丽家园”指标体系内，清洁能源泛指不使用柴火、秸秆等燃烧后对环境造成明显污染的能源。终端能源消费总量指一定时期内某地区生产和生活消费的各种内源在扣除了用于加工转换二次能源消费量和损失量的数量。资料来源：环保部门。计算公式：

$$清洁能源使用率=\frac{地区清洁能源使用量}{地区终端能源消费总量}\times100\%(能源使用量按标煤计算) \tag{1-11}$$

③ 农村安全饮用水户数比重。指农村安全饮用水的户数与农村总户数的比值。资料来源：水利部门。计算公式：

$$农村安全饮用水户数比重=\frac{农村安全饮用水户数}{农村总户数}\times100\% \tag{1-12}$$

④ 村庄绿化覆盖率(%)。指某村庄一切用于绿化的乔、灌木和多年生草本植物的垂直投影面积与该村庄总面积的百分比。乔木树冠下重叠的灌木和草本植物不再重复计算。资料来源：住建部门。计算公式：

$$村庄绿化覆盖率=\frac{村庄绿化覆盖面积}{村庄总面积}\times100\% \tag{1-13}$$

⑤ 村民文化活动场所(有/无)。这里的文化活动场所指进行文体活动的室

外活动场所以及为村民提供红白喜事场地的室内活动场所。村民文化活动场所的建设可以为村民的精神文化生活提供硬件支持。资料来源:乡镇或县级文化部门。

(四) 社会发展指标

① 新型农村合作医疗参保率(%)。指参加新型农村合作医疗人数占应参保人数的比重。资料来源:人社部门、卫生部门。计算公式:

$$新型农村合作医疗参保率=\frac{参加新型农村合作医疗人数}{应参保人数}\times 100\% \tag{1-14}$$

② 新型农村社会养老保险参保率(%)。指参加新型农村社会养老保险人数占应参保人数比重。资料来源:人社部门。计算公式:

$$新型农村社会养老保险参保率=\frac{参加农村社会养老保险人数}{应参保人数}\times 100\% \tag{1-15}$$

③ 平均受教育年限。指一定时期 15 岁及以上人口人均接受学历教育(包括成人学历教育,不包括各种非学历培训)的年数。平均受教育年限反映了人力资源水平和人的素质,受教育年限越长劳动力素质相对就越高,劳动技能就越强,劳动生产力就越容易提高,对经济发展、社会进步则越有利。资料来源:教育部门。计算公式为:

$$平均受教育年限 = \frac{\sum P_i E_i}{P} \tag{1-16}$$

式中,P 为本地区 15 岁及以上人口, P_i 为具有 i 种文化程度的人口数,E_i 为具有 i 种文化程度的人口受教育年数系数,i 则根据云南省的学制确定,即小学 6 年,初中 3 年,高中 3 年。

④ 高中毛入学率。指某学年度高中教育在校生数占相应学龄人口总数的比例,标志教育相对规模和教育机会,是衡量教育发展水平的重要指标。资料来源:教育部门。计算公式为:

$$高中毛入学率=\frac{某学年某地区生源高中在学人数}{某年某地区籍(15\sim 18\ 岁)人口}\times 100\% \tag{1-17}$$

⑤ 万人拥有医护人员数。指在一定地理范围内，平均每万人拥有的职业医护人员数。医护人员包括执业（助理）医师和取得护士资格证的护士。该指标用以反映一个地区的医疗健康发展水平，是衡量一个地区医疗服务能力的重要标志。资料来源：卫生部门。资料来源：医疗部门。计算公式：

$$万人拥有医护人员数=\frac{医护人员数}{常住人口}\times 100\% \qquad (1\text{-}18)$$

三、“美丽家园、小康库区”的评价方法

“美丽家园、小康库区”评价指标体系由经济发展、生活条件、人居环境和社会发展四个方面（或子目标）构成，每个子目标下设有三级指标。因此，在对总目标和每个子目标进行评价时采用了综合评价法。此外，针对评价指标类型的不同，分别对定量指标和定性指标，以及正向指标和逆向指标采取了不同的计算方式。

（一）定量指标

1. 正向指标

正向指标共有 17 个，即人均地区生产总值、移民人均年纯收入、非农收入占总收入比重、第二、三产业劳动力比重、第二、三产业增加值占 GDP 比重、移民人均砖混（木）结构住房面积、道路硬化率、生活垃圾无害化处理率、清洁能源使用率、农村安全饮用水户比重、村庄绿化覆盖率、新型农村合作医疗参保率、新型农村社会养老保险参保率、平均受教育年限、高中毛入学率、万人拥有医护人员数。其实现程度计算公式为：

$$z_i=\begin{cases}\frac{x_i}{x_{il}}\times 100\%, \frac{x_i}{x_{il}}<1 \\ 100\%, \frac{x_i}{x_{il}}\geqslant 1\end{cases} \qquad (1\text{-}19)$$

其中 z_i 为 x_i 的评价值，x_i 为现状值，x_{il} 为目标值。

2. 逆向指标

逆向指标共有 3 个，即恩格尔系数、贫困户比重、危房比重。其实现程度计算公式为：

① 恩格尔系数。其实现程度计算公式为：

$$z_i=\begin{cases}\dfrac{x_{il}}{x_i}\times100\%,\dfrac{x_{il}}{x_i}<1\\ 100\%,\dfrac{x_{il}}{x_i}\geqslant1\end{cases}\tag{1-20}$$

其中 z_i 为 x_i 的评价值，x_i 为现状值，x_{il} 为目标值。

② 危房比重。由于危房比重 2020 年目标值定为 0%，所以其实现程度计算公式为：

$$z_i=(1-x_i)\times100\%\tag{1-21}$$

其中 z_i 为 x_i 的评价值，x_i 为现状值。

（二）定性指标

定性指标共 1 个，即村民文化活动场所。如果有该设施，则实现程度 100%，如果没有实现程度为 0%。

（三）多指标综合评价

“美丽家园、小康库区”评价指标体系由经济发展、生活条件、人居环境以及社会发展四个方面（或子目标）构成，“美丽家园、小康库区”实现程度和子目标实现程度计算公式如下：

①“美丽家园、小康库区”实现程度计算公式为：

$$F=\sum_{i=1}^{23}w_iz_i\tag{1-22}$$

② 目标实现程度计算公式为：

$$F_j=\sum_{i=m_j}^{n_j}w_iz_i\Big/\sum_{i=m_j}^{n_j}w_i\tag{1-23}$$

其中 z_i 为 x_i 的评价值，x_i 为实际值，w_i 为指标 x_i 的权数，计算时需要将百分数换成小数，F_j 为第 j 个子目标的实现程度，m_j 为第 j 个子目标中第 1 个评价指标在整个评价指标体系中的序数，n_j 为第 j 个子目标中最后 1 个评价指标在整个评价指标体系中的序数。

四、“美丽家园、小康库区”评价指标目标值

目标值的确定主要依据两点：第一，大部分指标的目标值根据国家、省有关

专业标准、小康社会的要求、社会主义新农村建设的要求、社会经济发展规划要求、相关领域的文献资料等确定;第二,部分指标的目标值还将结合指标的发展趋势进行预测。指标的平均发展速度以几何平均数为准,其计算公式为:

$$b=\sqrt[n]{b_1\times b_2\times\cdots\times b_n} \tag{1-24}$$

其中:b 为平均发展速度,n 为环比发展速度的时期数。

(一) 经济发展指标

① 人均地区生产总值

党的十六大制定了到 2020 年我国国内生产总值(GDP)比 2000 年翻两番的奋斗目标,十七大又对全面建设小康社会提出了新的更高要求,将“翻两番”的目标由“总量”变为“人均”。十八大提出了全面建成小康社会的目标,对小康社会目标赋予了新的内涵。云南省九届四次全体(扩大)会议的报告中指出,当前云南省经济发展底子薄、基数低,必须按照“翻两番、增三倍、促跨越、奔小康”的要求扎实工作,即在 2010 年的基础上,到 2020 年,实现地区生产总值翻两番,达到 28 896 亿元,人均地区生产总值达到 59 206 元。课题组确定到 2020 年人均地区生产总值的目标值为“≥60 000 元”。

② 移民人均年纯收入

根据云南省九届四次全体(扩大)会议报告的指导思想以及“翻两番、增三倍、促跨越、奔小康”的工作要求,到 2020 年,云南省城乡居民收入增长 3 倍,分别达到 48 195 元和 11 856 元。由于库区及安置区移民人口中绝大多数属于农村人口,只有少数的城镇人口,结合实际调查情况,确定到 2020 年移民人均年纯收入的目标值为“≥12 000 元”。

③ 非农收入占移民总收入的比重

当前,库区移民收入的主要来源依然是农业收入。随着城镇化的推进以及移民城集镇安置的推行,越来越多的农村移民将转变其生产方式,更多地进城从事非农产业,进城务工人口的增多将导致其收入结构的变化。云南省社会主义新农村建设“十一五”规划纲要要求 2010 年农民工资性收入占人均纯收入的 35%以上。结合本次调查情况,考虑云南省资源禀赋,经济结构和移民劳动力条件,确定为,到 2020 年库区移民非农收入占总收入的比重的目标值为“≥50%”。

④ 第二、三产业劳动力比重

工业化不仅使产业结构发生了明显变化，而且改变了劳动者的职业结构，二、三产业劳动力比重的上升贯穿于现代化的全过程。劳动者职业结构的变化是更深刻的社会变迁，也更具有时代意义。同时，城市化与非农化是加快经济社会发展、缩小贫富差距的有效措施。当前库区移民绝大部分劳动力仍然从事第一产业工作，而第二、三产业劳动力比重较低，因此，考虑云南省资源禀赋，经济结构和移民劳动力条件，根据实际情况，确定第二、三产业劳动力比重为“不低于68%”。

⑤ 第二、三产业增加值占GDP比重

21世纪以来，我国第二、三产业增加值占GDP比重呈逐年递增的趋势，2011年底，我国第二、三产业增加值占GDP比重已超过90%。据预测，到2020年该值有望突破95%。考虑云南省资源禀赋和经济结构，并结合实际调查情况，课题组确定到2020年二、三产业增加值占GDP比重目标值为“≥85%”。

（二）生活条件指标

① 移民人均砖混（木）结构住房面积

据国家统计局云南调查总队2011年的调查资料显示，2006年至2010年云南省农村居民砖混（木）房屋结构比重分别为38.46%、40.74%、44.44%、48.28%、48.28%。在实际调查中，实行集中安置的新水利（电）工程移民基本达到云南省农村人均砖混（木）住房面积35 m^2的标准，而绝大多数库区与这一标准差距较大。结合云南省水利水电工程移民搬迁房屋结构的实际调查情况，确定为到2020年移民人均砖混（木）结构住房面积的目标值为“≥25 m^2”。

② 恩格尔系数

20世纪80年代，国际粮农组织以恩格尔系数的取值范围对生活水平进行了划分，认为恩格尔系数大于0.6为贫穷，0.5～0.6之间为温饱，0.4～0.5之间为小康，0.3～0.4之间为相对富裕，0.2～0.3之间为富裕，0.2以下为极其富裕。云南省社会主义新农村建设“十一五”规划纲要要求典型示范村的恩格尔系数≤0.4，而根据实际调查资料显示，课题组确定到2020年该目标值为“≤0.4”。

③ 贫困户比重

小康库区建设就是要使库区移民能过上小康生活。因此，移民贫困户比重是反映小康库区建设进展情况的一个不可或缺的指标。在我国，贫困主要是指生存资料相对不足，也即绝对意义上的贫困。当前库区中仍有大量老水利移民户处于贫困线以下人口，按照国家扶贫攻坚战略和扶贫工作要求，确定到 2020 年贫困户比重的目标值为“0%”。

④ 危房比重

截止 2011 年底，在云南 843 万户农村住房中，仍有农村危房 270 万户[①]。按照《关于印发 2011 年云南省农村危房改造及地震安居工程实施意见的通知》（云建村〔2011〕389 号）的要求，全省在 2020 年要全部消除农村危房。

基于以上分析，危房比重到 2020 年的目标值定为“0%”。

⑤ 道路硬化率

道路硬化率反映了移民居住环境的交通便捷程度，同时也是移民生产生活的重要基础。根据《云南省省级生态村创建标准》的要求，云南省省级生态村的道路硬化率≥75%。截至 2017 年底，云南省农村公路建设完成投资 202 亿元，占年度目标 120 亿元的 168.3%，新改建农村公路 2.5 万公里，占年度任务目标 1.7 万公里的 147.06%。全省所有建制村已通硬化路，硬化率为 100%。

基于以上分析，2020 年，库区和移民安置区建制村的道路硬化率已实际达到 100%。

（三）人居环境指标

① 生活垃圾无害化处理率

生活垃圾处理是库区社会管理和居住环境保护的重要内容，是社会文明程度的重要标志，关系到移民的切身利益。依据《国家发展改革委 住房城乡建设部关于印发〈“十三五”全国城镇生活垃圾无害化处理设施建设规划〉的通知》（发改环资〔2016〕2851 号）文件要求，“到 2020 年，县城（建成区）生活垃圾无害化处理率达到 80%以上，建制镇生活垃圾无害化处理率达到 70%以上，特殊困难地区可适当放宽。”结合美丽家园、小康库区创建工作的指导精神和实际情况，确定到 2020 年移民安置点生活垃圾无害化处理率的目标值为“≥60%”。

② 清洁能源使用率

《云南省省级生态村创建标准》要求省级生态村的清洁能源使用率≥40%。

---

① 资料来源：搜狐网，云南 2012 年第一批农村危房改造任务完成投资 9.7 亿，云南省住建厅数据。http://news.sohu.com/20120921/n353688667.shtml

目前，云南农村地区清洁能源使用率正在稳步提高。非清洁能源的使用主要集中在炊事上，2006年至2010年，每百户中有57、52、51、50、49户使用柴草做饭，这一比例正在逐年递减。

基于以上分析，将清洁能源使用率2020年的目标值定为"≥80%"。

③ 农村安全饮用水户数比重

农村安全饮用水户数比重从一个侧面描述农村生存环境状况。预计到2020年我国城市居民安全卫生饮用水普及率将很容易达到100%，而对于我国广大的农村，尤其是较为偏远地区的农村，安全卫生饮用水的普及还须做大量的工作。根据《云南省省级生态村创建标准》，要求云南省省级生态村的饮用水卫生合格率≥95%。云南省新农村"十一五"规划纲要要求安全饮用水户数比重2010年达到90%。结合本次调研实际情况，确定到2020年库区和移民安置区安全饮用水户数比重的目标值为"100%"。

④ 村庄绿化覆盖率

该指标目标值的确定主要参考以下两方面：

《云南省美丽宜居乡村建设行动计划(2016—2020年)》、《中共云南省委云南省人民政府关于推进美丽乡村建设的若干意见》(云发〔2014〕13号)等文件要求，村庄绿化覆盖率40%以上，生活污水集中处理率70%以上，农村生活垃圾定点存放清运率70%以上，畜禽粪便有效处置及综合利用率70%以上。

基于以上分析，村庄绿化覆盖率2020年的目标值定为"≥35%"。

⑤ 村民文化活动场所

农村文化活动场所的建设属于云南省"五大重点惠民工程"之一。村民文化活动场所是最基层的群众文化活动场所，是公共文化服务体系的重要组成部分，加强农村文化活动室建设，是贯彻落实科学发展观、繁荣社会主义先进文化、建设社会主义新农村和全面建设小康社会的重要任务。

基于以上分析，村民文化活动场所建设2020年的目标定为每个自然村都建有村民文化活动场所。

(四) 社会发展指标

① 新型农村合作医疗参保率

该指标目标值的确定主要参考以下两方面的内容：

云南省新型农村合作医疗试点工作自2003年7月开始在16个州市的20个县市展开。截止到2016年底，云南省参合人数从2003年的648.58万人提高到2016年的3 265.55万人，2016年的参合率达到98.47%。因此，结合当前云南省库区移民的新型农村合作医疗参保情况，确定到2020年该项指标的目标值为“100%”。

② 移民新型农村社会养老保险参保率

从理论上讲，新型农村社会养老保险参保率达100%应是全面建设小康社会奋斗的目标，但由于云南省地方经济发展不平衡、部分人不愿意参加社保等因素，少部分人口仍难以享受基本养老保险。到2020年，新型农村社会养老保险参保率难以达到100%。因此，结合当前云南省库区移民的新型社会养老保险参保情况，确定到2020年该项指标的目标值为“≥97%”。

③ 平均受教育年限

当前，我国实行的是九年制义务教育，即要求每一名适龄公民行使并履行受教育的权利和义务。“基本普及高中阶段教育”又是党的十六大报告提出的全面建设小康社会的目标之一，我国全面建设小康社会统计方案确定2020年受教育年限为10.5年，而云南省在新农村建设“十一五”规划中规定的典型村平均受教育年限为≥9年。结合当前云南省库区移民平均受教育年限为7.17年的现状，确定到2020年移民平均受教育年限的目标值为“≥10年”。

④ 高中毛入学率

为了实现库区移民“基本普及高中阶段教育”和平均受教育年限10年的目标，必须提高库区移民高中毛入学率。当前云南省库区移民高中毛入学率普遍较低。因此，课题组确定到2020年高中毛入学率的目标值为“≥80%”。

⑤ 万人职业(助理)医师人数

该指标目标值的确定主要参考以下三方面：

美国著名社会学家阿列克斯·英格尔斯(Alex Inkeles)曾提出发展中国家实现现代化的10项指标，其中每千人拥有医护人员数的目标值为2人以上(英格尔斯，1992)。

2010年至2016年云南省每万人拥有职业(助理)医师人数分别为6.21、6.34、6.69、7.49、7.54、7.96、8.59人，经测算其年平均增长速度为5.6%，2020

年云南省每千人拥有医护人员数为2.5人，即每万人拥有职业(助理)医师人数为25人。①

基于以上分析，万人拥有职业(助理)医师人数2020年的目标值定为"≥25人"。

基于对"美丽家园、小康库区"指标体系中各指标目标值的研究，得到云南省库区和移民安置区"美丽家园、小康库区"指标体系的具体数值，如表1-4所示。

表1-4 "美丽家园、小康库区"评价指标体系

二级指标	三级指标	单位	2020年的目标值
经济发展	人均地区生产总值	元	≥60 000
	移民人均年纯收入	元	≥12 000
	非农收入占总收入比重	%	≥50
	第二、三产业劳动力比重	%	≥68
	第二、三产业增加值占GDP比重	%	≥85
生活条件	移民人均砖混(木)结构住房面积	m^2	≥25
	恩格尔系数	—	≤0.4
	贫困户比重	%	0
	危房比重	%	0
	道路硬化率	%	≥90
人居环境	生活垃圾无害化处理率	%	≥60
	清洁能源使用率	%	≥80
	农村安全饮用水户数比重	%	100
	村庄绿化覆盖率	%	≥35
	村民文化活动场所	个	有
社会发展	新型农村合作医疗参保率	%	100
	新型农村社会养老保险参保率	%	≥97
	平均受教育年限	年	≥10
	高中毛入学率	%	≥80
	万人拥有职业(助理)医师人数	人	≥25

① 资料来源：云南网，云南力争到2020年每千人口拥有执业(助埋)医师2.5人，2016-04-09，http://yn.yunnan.cn/html/2016-04/09/content_4273878.htm

五、"美丽家园、小康库区"评价指标权重

云南省"美丽家园、小康库区"核心监测指标体系包括 4 个分系统 20 项指标，这些指标对于库区和移民安置区美丽家园、小康库区建设效果存在差异性，课题组采取德尔菲法对 15 位相关研究领域的专家、学者及移民管理人员进行监测指标体系权重调查，经过分析，得出云南省"美丽家园、小康库区"核心监测指标体系中各分系统及各项评价指标重要性的排序结果，如下表 1-5 所示。

表 1-5　云南省"美丽家园、小康库区"监测指标体系分系统及各项指标重要性排序

分系统	分系统重要性排序	指　　标	指标重要性排序
经济发展	1	人均地区生产总值	1
		移民人均年纯收入	1
		非农收入占总收入比重	2
		第二、三产业劳动力比重	2
		第二、三产业增加值占 GDP 比重	2
生活条件	1	移民人均砖混(木)结构住房面积	1
		恩格尔系数	1
		贫困户比重	1
		危房比重	2
		道路硬化率	2
人居环境	2	生活垃圾无害化处理率	1
		清洁能源使用率	1
		农村安全饮用水户数比重	1
		村庄绿化覆盖率	1
		村民文化活动场所	2
社会发展	2	新型农村合作医疗参保率	1
		新型农村社会养老保险参保率	1
		平均受教育年限	2
		高中毛入学率	2
		万人拥有职业(助理)医师人数	1

注:这里的"1"表示重要,"2"表示次重要。

在指标排序结果的基础上，采用模糊一致矩阵的决策优选方法分别确定分系统和各项指标的权重。

基于模糊一致矩阵的决策优选方法如下：

(1) 建立优先关系矩阵

根据指标重要性排序结果(通过设计调查问卷，请相关领域专家给出排序结果，再利用意见集中法得到)建立综合反映各项指标重要性的模糊优先关系系数矩阵 $\underset{\sim}{B}=(b_{ij})_{n\times n}$，其中 b_{ij} 称为指标 u_i 对 u_j 的优先关系系数，其值为：

$$b_{ij}=\begin{cases}0, & \text{如果 } u_j \text{ 优于 } u_i;\\ 0.5, & \text{如果 } u_i \text{ 与 } u_j \text{ 等优};\\ 1, & \text{如果 } u_i \text{ 优于 } u_j.\end{cases} \tag{1-25}$$

(2) 将 $\underset{\sim}{B}$ 改造为矩阵

$$\underset{\sim}{R}=(r_{ij})_{n\times n}, \tag{1-26}$$

其中：

$$r_{ij}=\frac{r_i-r_j}{2n}+0.5,\quad r_i=\sum_{l=1}^{n}b_{il}. \tag{1-27}$$

经过改造得到的 $\underset{\sim}{R}$ 为模糊一致矩阵。

(3) 单指标计算优度值

运用方根法计算各项指标对应的优度值 $s_i(i=1,2,\cdots,n)$，作为各项指标所对应的权重。

$$s_i=\frac{\bar{s}_i}{\sum_{l=1}^{n}\bar{s}_l}, \text{其中：} \bar{s}_i=\left(\prod_{l=1}^{n}r_{il}\right)^{\frac{1}{n}} \tag{1-28}$$

利用上述确定权重的基于模糊一致矩阵的决策优选方法，经计算得到权重，据此转化为权数(总分 100 分中所占的分值)，结果如下表 1-6 所示。

表 1-6 “美丽家园、小康库区”指标

目标层	二级指标	三级指标			
		分系统权重	指标名称	权重	权数
美丽家园小康库区	经济发展	0.31	人均地区生产总值	0.26	8
			移民人均年纯收入	0.26	8
			非农收入占总收入比重	0.16	5
			第二、三产业劳动力比重	0.16	5
			第二、三产业增加值占 GDP 比重	0.16	5
	生活条件	0.31	移民人均砖混(木)结构住房面积	0.24	7
			恩格尔系数	0.24	7
			贫困户比重	0.24	7
			危房比重	0.14	5
			道路硬化率	0.14	5
	人居环境	0.19	生活垃圾无害化处理率	0.22	4
			清洁能源使用率	0.22	4
			农村安全饮用水户数比重	0.22	4
			村庄绿化覆盖率	0.22	4
			村民文化活动场所	0.12	3
	社会发展	0.19	新型农村合作医疗参保率	0.24	4
			新型农村社会养老保险参保率	0.24	4
			平均受教育年限	0.14	3.5
			高中毛入学率	0.14	3.5
			万人拥有职业(助理)医师人数	0.24	4

第二章

全面建设“美丽家园、小康库区”现状和问题

第一节　库区和移民安置区经济社会发展现状

2013 年，云南省提出库区和移民安置区创建“美丽家园、小康库区”工作，课题组于 2013 年和 2017 年分别对云南省水利水电工程典型库区和移民安置区进行了全面的摸底调查。通过对比分析，科学评价云南省创建“美丽家园、小康库区”工作成效。

2013 年 5 月 1 日—31 日，课题组对云南省水利水电工程库区和移民安置区进行第一次实地访谈和问卷调查。调查范围包括：楚雄州（楚雄市）、大理州（祥云县、宾川县、漾濞县）、保山市（隆阳区）、临沧市（凤庆县）、昭通市（水富县）、曲靖市（会泽县、麒麟区）、普洱市（墨江县）、玉溪市（元江县、红塔区）和红河州（蒙自市、红河县）等 9 个州（市）14 个县（市、区），重点对云南省重点和典型大中型水利水电工程的库区和移民安置区经济社会情况进行实地问卷调查、座谈和访谈。

2017 年 10 月 1 日—31 日，课题组对 2013 年确定的 9 个州（市）14 个县（市、区）进行了第二次访谈和问卷调查。根据最近几年新增大中型水利水电工程的移民情况，新增了曲靖市罗平县、红河州建水县、普洱市思茅区、文山州文山市和丘北县、丽江市永胜县和古城区。两次问卷调查的样本范围合计 11 个州（市）21 个县（市、区）。同时课题组对重点和典型移民村进行了实地调查和访谈。

一、库区和移民安置区经济社会发展总体情况

（一）老水利水电工程库区和移民安置区经济社会发展总体情况

云南省老水利水电工程库区和移民安置区经济社会发展状况调查，主要选取了 26 个村组进行了调研。其中，老水利工程库区和移民安置区主要选取的样本区域包括：楚雄州楚雄市干田村的柳树箐、刁嘴资、栗子园社区、大理州祥云县的茨芭村和茨坪村、宾川县的江干村、保山市隆阳区的左所村、曲靖市麒麟区的独木村和潇湘村、玉溪市元江县的街子河村和箐门口村以及南洒村、红塔区的康井社区、山头社区和李棋街道、红河州蒙自市的余家寨村、就能村和永宁村、红河县俄垤村、阿撒村和跑马路社区等共计 20 个移民村组；老水电工程库区和移民安置区主要选取的样本区域包括：曲靖市罗平县的鲁邑村、会泽县的麦地村、三家堂村、普洱市墨江县的西岐村和广丰村、红河州建水县的勐曼村等 6 个移民村组。本节基于调查结果测算“美丽家园、小康库区”的整体实现程度，如表 2-1 所示。

表 2-1　老水利水电工程库区和移民安置区“美丽家园、小康库区”实现程度

二级指标	实现程度	“美丽家园、小康库区”实现程度
经济发展	70.11%	80.23%
生活条件	88.27%	
人居环境	85.17%	
社会发展	78.69%	

由上表可知，老水利水电工程库区和移民安置区“美丽家园、小康库区”实现程度为 80.23%，与“美丽家园、小康库区”的要求还有一定的差距，这一差距主要源于经济和社会发展方面。在四个二级指标中，生活条件和人居环境的实现程度较高；经济发展和社会发展的实现程度相对较低，这也是老水利水电工程库区和移民安置区发展的两大短板。未来 3 年，老水利水电工程库区和移民安置区“美丽家园、小康库区”建设工作的重点应放在经济发展和社会发展上，加大第二、三产业的发展，提高移民收入，以经济发展带动整个库区和移民安置区的提升；在发展经济的同时，加大对医疗和教育的投资，以此带动整个社会发展水平的提升。

在经济发展方面,26 个移民安置点的综合实现程度为 70.11%,比整体的实现程度低 10.12 个百分点,居于"美丽家园、小康库区"四个方面的末位。从经济发展的五项指标来看:人均地区生产总值和移民年均纯收入实现程度分别为 56.30%和 65.38%;非农收入占总收入比重、第二、三产业劳动力比重和第二、三产业增加值比重实现程度分别为 75.28%、80.54%和 93.58%。在这五个指标中,第二、三产业劳动力比重和第二、三产业增加值比重这两项的实现程度较高,说明在老水利水电工程库区和移民安置区,在发展二、三产业方面和促进移民转型就业等方面取得了显著的成效,在解决移民就业的同时,也拉动了库区二、三产业的发展,从长远上解决移民的生计问题,使库区和移民安置区的发展更具可持续性。

在生活条件方面,26 个移民安置点的综合实现程度为 88.27% ,比整体的实现程度高 8.04 个百分点,居于"美丽家园小康库区"四个方面的第一位。从生活条件的五项指标来看:移民人均砖混(木)结构住房面积实现程度为 87.23%;恩格尔系数实现度为 92.06%;贫困户比重和危房比重实现程度分别为 85.23%和 91.20%;道路硬化率实现程度为 86.06%。生活条件是最能反映移民生活状况的衡量指标,反映移民的衣食住行等方方面面,其实现程度均达 85%以上。可见,在移民工作中,注重解决关乎移民切身利益的问题,在提高移民生活条件上成效显著。

在人居环境方面,26 个移民安置点的综合实现程度为 85.17%,高于整体实现程度 4.49 个百分点,居于"美丽家园、小康库区"四个方面的第二位。从人居环境的五项指标来看:生活垃圾无害化处理率实现程度为 87.88%;清洁能源使用率实现度为 84.62%;农村安全饮用水户数比重实现程度为 94.76%;村庄绿化覆盖率实现程度为 72.84%;村民文化活动场所实现程度为 84.62%。其中,农村安全饮用水户数比重达到 100%的目标值基本实现,这也是关乎移民身体健康的重要指标,可见移民干部工作到位,切实关心移民生活。

在社会发展方面,26 个移民安置点的综合实现程度为 78.69%,低于整体实现程度 1.54 个百分点,居于"美丽家园、小康库区"四个方面的第三位。从社会发展的五项指标来看:新型农村合作医疗参保率实现程度为 99.50%;新型农村与社会养老保险参保率实现程度为 86.40%;平均受教育年限实现程度为

85.38%；高中毛入学率实现程度仅51.06%；万人拥有医护人员数实现程度为64.81%。其中，新型农村合作医疗参保率实现程度基本达到了目标值；而高中毛入学率和万人拥有医护人员数的实现程度则偏低，进而拉低了整个社会发展指标的实现程度。因此，今后的移民工作应多关注库区和移民安置区的教育和医疗水平的提高。

老水利水电工程库区和移民安置区"美丽家园、小康库区"各子系统实现程度如图2-1所示。

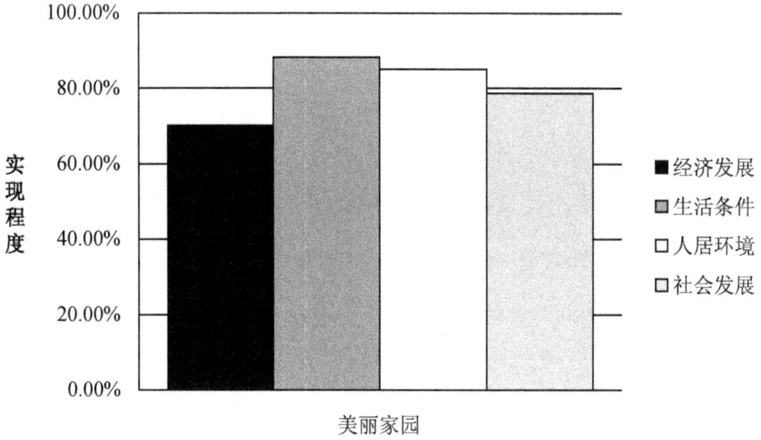

图2-1　老水利水电工程库区和移民安置区"美丽家园、小康库区"各子系统实现程度

（二）新水利水电工程库区和移民安置区经济社会发展总体情况

在调研的22个水利工程库区移民安置区中，楚雄州楚雄市的栗子园小区和文山州文山市的播烈属于新水利工程库区和移民安置区，移民来自青山嘴水库和德厚水库。共有10个点的移民属于新水电工程移民。基于本次实地调查结果测算了它们总体的"美丽家园、小康库区"实现程度，如表2-2所示。

表2-2　新水利水电工程库区和移民安置区"美丽家园、小康库区"实现程度

二级指标	实现程度	"美丽家园、小康库区"实现程度
经济发展	78.72%	86.97%
生活条件	92.76%	
人居环境	93.53%	
社会发展	84.44%	

新水利水电工程库区和移民安置区“美丽家园、小康库区”实现程度为86.97%，高于老水利水电工程的实现程度，可见，新水利水电工程库区和移民安置区因相关政策的实施以及移民工作的重视，不管是在起点上还是最终目标的实现程度上，都远高于老水利水电工程库区和移民安置区。在四个二级指标中，生活条件和人居环境的实现程度都较高，均高达90%以上；经济发展的实现程度相比最低，严重拉低了“美丽家园、小康库区”的整体实现程度。因此，未来3年水利水电工程库区和移民安置区“美丽家园、小康库区”建设工作的重点应放在经济发展上，发展第二、三产业，提高移民收入，以经济发展带动整个库区和移民安置区“美丽家园、小康库区”水平的提升。

在经济发展方面，12个移民安置点的综合实现程度为78.72%，比整体的实现程度低8.25个百分点，居于“美丽家园、小康库区”四个方面的末位。从经济发展的五项指标来看：人均地区生产总值和移民年均纯收入实现程度分别为57.48%和78.26%；非农收入占总收入比重、第二、三产业劳动力比重和第二、三产业增加值比重实现程度分别为99.53%、80.15%和96.52%。其中，非农收入占总收入比重和第二、三产业增加值比重的实现程度高达95%以上，可以看出，在新水利水电工程库区和移民安置区，由于农业有土安置的减少，大部分都转向二三产业安置，利用现有条件大力发展旅游业和服务业等，促进了库区经济的转型和发展。

在生活条件方面，12个移民安置点的综合实现程度为92.76%，比整体的实现程度高5.79个百分点，居于“美丽家园、小康库区”四个方面的第二位。从生活条件的五项指标来看：移民人均砖混（木）结构住房面积实现程度为93.33%；恩格尔系数实现度为94.25%；贫困户比重和危房比重实现程度分别为96.70%和89.92%；道路硬化率实现程度为90.28%。均高达90%左右，可见，在新水利水电工程库区和移民安置区生活条件方面，移民工作取得了显著的成绩。

在人居环境方面，12个移民安置点的综合实现程度为93.53%，高于整体的实现程度6.56个百分点，居于“美丽家园、小康库区”四个方面的第一位。从人居环境的五项指标来看：生活垃圾无害化处理率实现程度为95.56%；清洁能源使用率实现程度为96.56%；农村安全饮用水户数比重实现程度为99.58%；村庄绿化覆盖率实现程度为81.90%；村民文化活动场所实现程度为91.67%。生活垃圾无害化处理率和清洁能源使用率实现程度高达95%以上，农村安全饮用水户数比重实现程度基本实现了目标值，村民的文化生活也大大提升，唯一比较欠缺的方面是村庄绿化覆盖率，因此，在今后的移民工作中，要注重新水利水电工程库区和移民安置区移民安置点的绿化美化工作，进一步提高移民人居环境质量。

在社会发展方面，12 个移民安置点的综合实现程度为 84.44%，低于整体的实现程度 2.53 个百分点，居于“美丽家园、小康库区”四大方面的第三位。从社会发展的五项指标来看：新型农村合作医疗参保率实现程度为 98.92% ；新型农村与社会养老保险参保率实现程度为 93.30%；平均受教育年限实现程度为 78.33%；高中毛入学率实现程度和万人拥有医护人员数的实现程度为72.60%和 74.58%。其中，新型农村合作医疗参保率实现程度和新型农村与社会养老保险参保率实现程度均高达 95%左右，主要是平均受教育年限、高中毛入学率以及万人拥有医护人员数的实现程度较低，拉低了社会发展这一指标整体的实现程度。今后在新水利水电工程库区和移民安置区的移民工作应注重提升移民的教育水平和医疗水平。

新水利水电工程库区和移民安置区“美丽家园、小康库区”各子系统实现程度如图 2-2 所示。

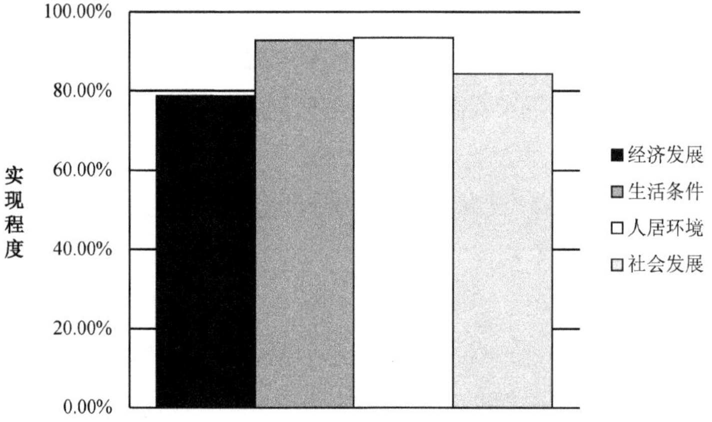

图 2-2　新水利水电工程库区和移民安置区“美丽家园、小康库区”各子系统实现程度

二、新老库区和移民安置区经济社会发展对比分析

（一）老水利水电工程库区和移民安置区经济社会对比分析

依据 2013 年、2017 年课题组两次对云南省库区和移民安置区经济社会发展情况的调查数据，课题组挑选了与 2013 年调查数据重合的 20 个老水利工程移民安置区和 2 个老水电工程移民安置区（毛家村水库），分别从经济发展、生活条件、人居环境和社会发展四个方面的 20 项指标进行了对比，如图 2-3 至图2-6 所示。

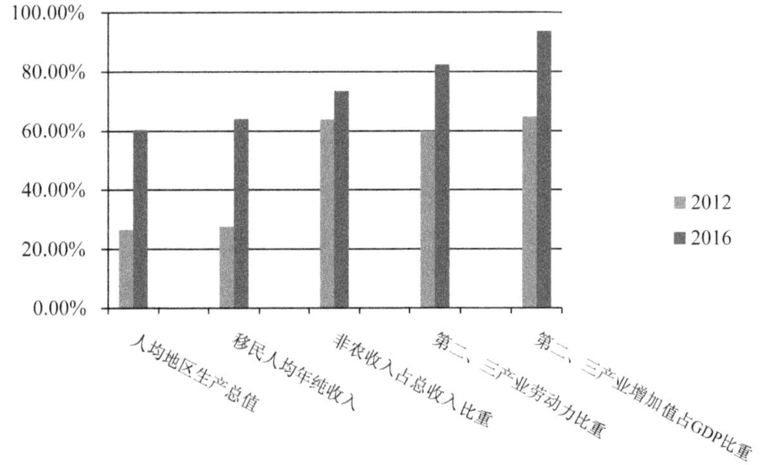

图 2-3　老水利水电工程库区和移民安置区不同年份经济发展实现程度对比

从图 2-3 可以看出，老水利水电工程库区和移民安置区在经济发展方面，相比 2012 年，2016 年在人均地区生产总值、移民人均年纯收入、非农收入占总收入比重、第二、三产业劳动力比重、第二、三产业增加值占 GDP 比重五个指标上都有明显的增加。其中，移民人均年收入增长最为明显，由 2012 年的27.56%增长到63.96%，增加了 36.4 个百分点，老水利水电工程库区和移民安置区注重提高移民收入，进而提高移民的生活水平。其次增加较快的还有人均地区生产总值，这一指标和移民人均年收入是经济发展的两大短板，因此，增长空间较大。虽增速快，但截至 2016 年，仍是五个指标中实现程度较低的两个指标。

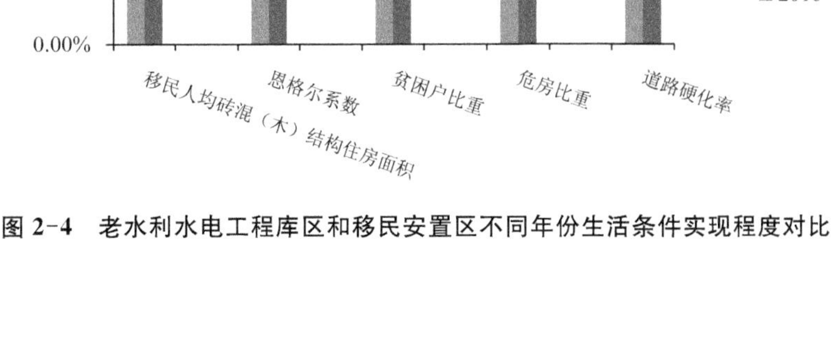

图 2-4　老水利水电工程库区和移民安置区不同年份生活条件实现程度对比

从图 2-4 可以看出，老水利水电工程库区和移民安置区在生活条件方面，相比 2012 年，2016 年在移民人均砖混（木）结构住房面积、恩格尔系数、贫困户比重、危房比重、道路硬化率五个指标上都有明显的增加。其中，贫困户比重和危房比重这两个指标的实现程度增加的最为明显，其实现程度分别由 2012 年的 23.55％、38.00％增长到 85.23％和 90.33％，增加幅度均超过了 50 个百分点，移民人均砖混（木）结构住房面积、恩格尔系数和道路硬化率这三项指标的实现程度也均增加 40 个百分点左右。老水利水电工程库区和移民安置区在改善移民生活条件方面成绩显著。这得益于云南全面建设“美丽家园、小康库区”工作以及避险减困工作等水库移民后期扶持工作的扎实推进，这些措施能够真正解决关乎移民群众切身利益问题。截止 2016 年，生活条件方面，实现程度均高达 90％左右。在今后三年新水利水电工程库区和移民安置区建设中，应重视移民的脱贫问题，充分利用国家和省内对贫困群众的扶持政策，着重解决移民的贫困问题。

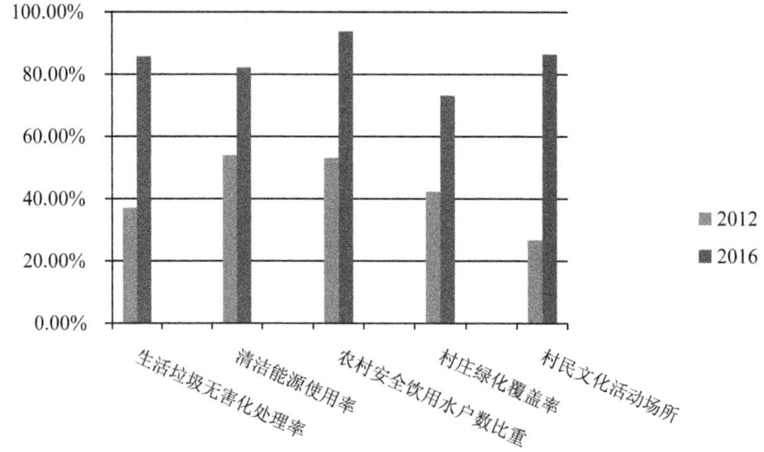

图 2-5　老水利水电工程库区和移民安置区不同年份人居环境实现程度对比

从图 2-5 可以看出，老水利水电工程库区和移民安置区在人居环境方面，相比 2012 年，2016 年在生活垃圾无害化处理率、清洁能源使用率、农村安全饮用水户数比率、村庄绿化覆盖率、村民文化活动场所五个指标上都有明显提高。其中，村民文化活动场所实现程度增加的最为明显，从之前 26.62％的实现度骤升至 80％以上，可见老水利水电工程库区和移民安置区对于移民精神文化需求的重视。其次，是生活垃圾无害化处理率实现程度，其增幅超过了 40 个百分点，对于改善老水利工程库区和移民安置区人居环境效果明显。此外，清洁能源使用率、农村安全饮用水户数比率、村庄绿化覆盖率三个指标实现程度的涨幅均在30个百分点，增长效果明显，但这五个指标均与2020年的小康目标有一定的差距，需要在未来三年的建设中给予重视。

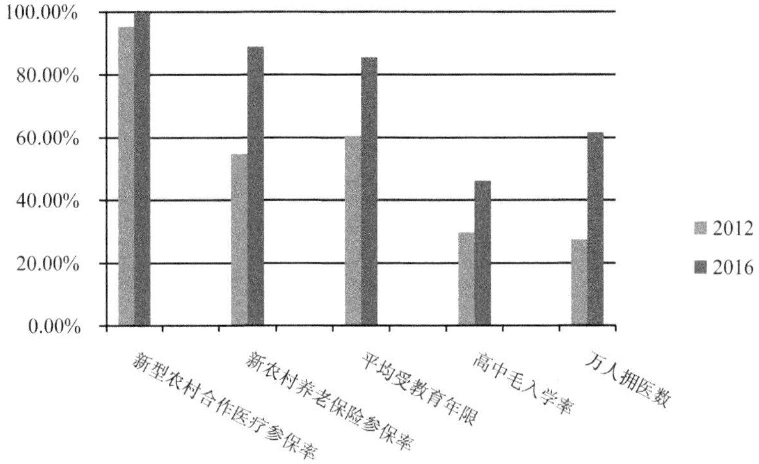

图2-6 老水利水电工程库区和移民安置区不同年份社会发展实现程度对比

从图2-6可以看出，老水利水电工程库区和移民安置区在社会发展方面，相比2012年，2016年在新型农村合作医疗参保率、新农村养老保险参保率、平均受教育年限、高中毛入学率、万人拥有职业(助理)医师人数五个指标上都有明显的增加。其中，新农村养老保险参保率和万人拥医数实现程度的增长幅度最为明显，其实现程度分别由2012年的54.61%、27.50%增长到88.89%和61.59%，增加幅度均将近30个百分点。在社会发展方面，高中毛入学率和万人拥医数是两大短板，这也看出，在老水利水电工程库区和移民安置区，移民的教育和医疗问题仍是移民工作的重心，在未来几年的建设中，应加大对移民教育和医疗的投资，提高移民的受教育水平和医疗水平，更高层次地提升移民的生活质量。

(二)新水利水电工程库区和移民安置区经济社会对比分析

依据2013年、2017年课题组两次对全省库区和移民安置区经济社会发展情况的调查数据。课题组分别从经济发展、生活条件、人居环境和社会发展四个方面将两次调研重合的新水利水电工程移民安置点2012年和2016年衡量“美丽家园、小康库区”的20个指标实现程度进行了对比，如图2-7至图2-10所示。

从图2-7可以看出，新水利水电工程库区和移民安置区在经济发展方面，相比2012年，2016年主要发展成果表现移民人均年纯收入方面，由2012年的

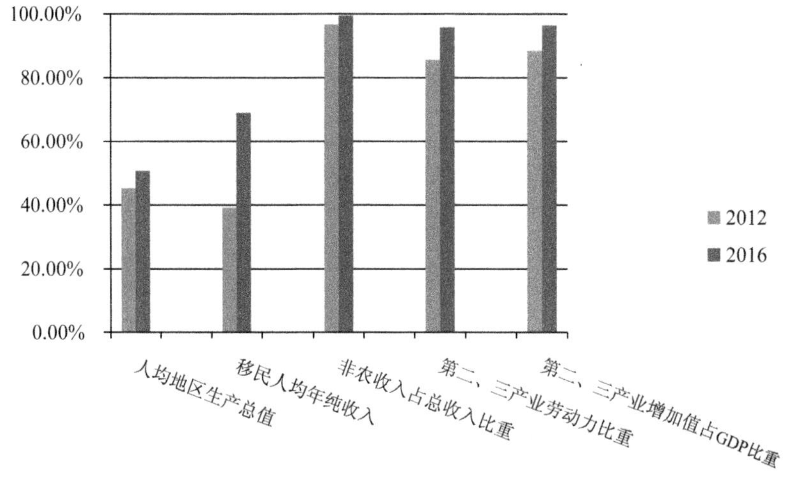

图 2-7　新水利水电工程库区和移民安置区不同年份经济发展实现程度对比

39.13%增长到 68.99%，可见在这三年中，新水利水电工程库区和移民安置区注重提高移民的收入。一方面，大力发展移民二、三产业，带动区域整体经济的发展的同时，带动移民收入的提高；另一方面，加大移民技术培训，多渠道多形式促进移民就业，进而促进移民收入渠道多元化，提高移民人均纯收入。从整体实现水平来看，人均地区生产总值和移民人均年纯收入仍是经济发展的两块短板，在今后库区和移民安置区的建设中，仍要狠抓这两项。

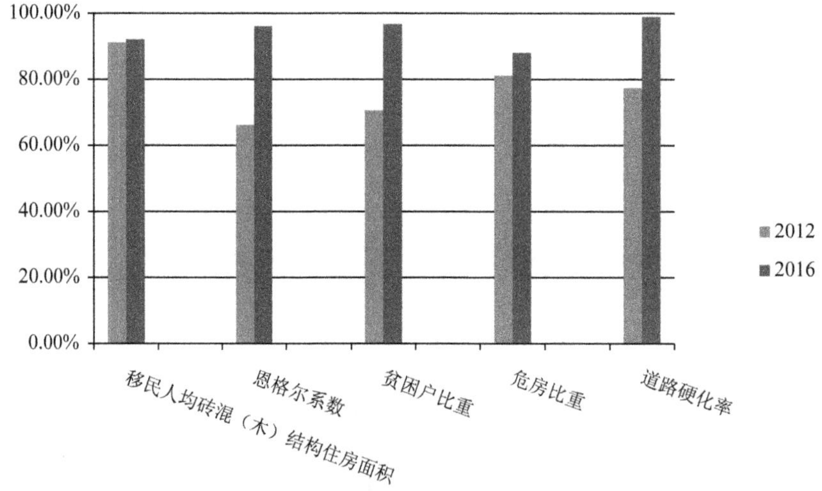

图 2-8　新水利水电工程库区和移民安置区不同年份生活条件实现程度对比

从图 2-8 可以看出，新水利水电工程库区和移民安置区在生活条件方面，相比 2012 年，2016 年主要在恩格尔系数、贫困户比重和道路硬化率的实现程度上有所增长，均增长至 96%以上，实现程度较高。此外，由于 2006 年国务院第 471 号令出台以后，新水利水电工程移民搬迁后的住房绝大部分按照砖混结构或框架结构建设，住房面积也基本达到或超过全县人均住房面积，而且无论是集中安置还是分散安置，安置地区的道路硬化等条件都大大提升。因此，在移民人均砖混（木）结构住房面积、危房比重和道路硬化率三个指标的实现程度上，2012 年就有较好的基础，截止 2016 年，各项指标实现程度均接近 2020 年的目标值，预计可以提前实现目标值。

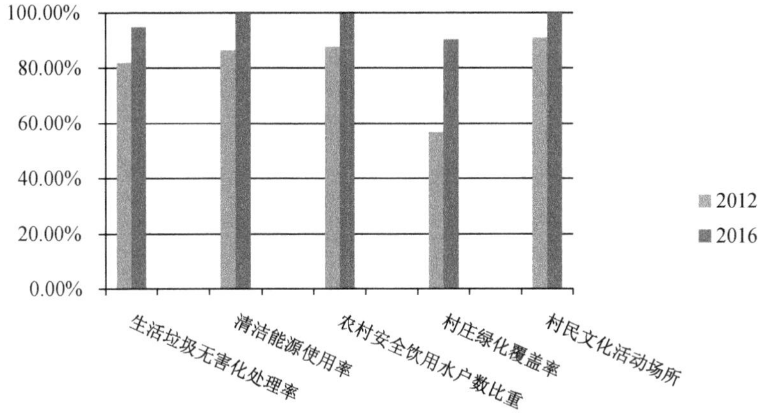

图 2-9 新水利水电工程库区和移民安置区不同年份人居环境实现程度对比

从图 2-9 可以看出，新水利水电工程库区和移民安置区在人居环境方面，相比 2012 年，2016 年生活垃圾无害化处理率、清洁能源使用率、农村安全饮用水户数比率、村庄绿化覆盖率、村民文化活动场所五个指标都有所提高。增长变化主要表现在村庄绿化覆盖率这一指标上，由 56.57%的实现程度骤升至 90.13%，可见新水利水电工程库区和移民安置区对生态环境的重视。此外，清洁能源使用率、农村安全饮用水户数比率以及村民文化活动场所的实现程度已经基本达到了 100%。可见，新水利水电工程库区和移民安置区的人居环境在其本身所具有的较高水平的基础上，目前的发展已经取得了很好的成效，有些地方甚至已经成为新村建设的模范。

从图 2-10 可以看出，新水利水电工程库区和移民安置区在社会发展方面，

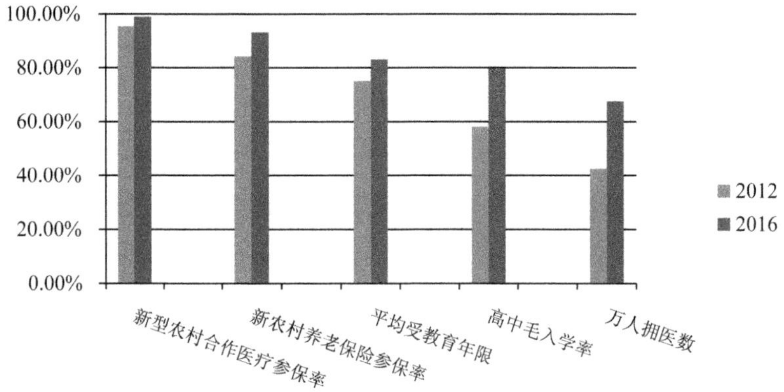

图 2-10　新水利水电工程库区和移民安置区不同年份社会发展实现程度对比

相比 2012 年，2016 年新型农村合作医疗参保率、新农村养老保险参保率、平均受教育年限、高中毛入学率、万人拥医数五个指标上都有所提高。其中，万人拥有医数和高中毛入学率实现程度的增长幅度最为明显，其实现程度分别由 2012 年的 58.04％、42.50％增长到 79.63％和 67.50％，增加幅度分别为 20 和 25 个百分点。新型农村合作医疗参保率和新农村养老保险参保率的高实现程度主要得益于相关移民政策的支持和移民工作的努力。在未来几年新水利水电工程库区和移民安置区的建设中，移民的教育和医疗问题仍是移民工作的重心，要将教育和医疗卫生相关资金和政策优惠措施优先放到库区和移民安置区，不断提高移民的医疗和教育水平，争取早日在整体上达到目标值。

第二节　库区和移民安置区移民群众发展现状

一、库区和移民安置区移民群众收入水平现状

在经济社会发展的指标中，收入情况最能反映移民在经济以及生活水平等各个方面的发展现状。因此，课题组对调研区域移民的收入结构和人均可支配收入等进行了收集，并统计了云南省农村居民人均可支配收入，通过将二者进行对比来反映库区和移民安置区移民群众收入水平现状。新老水利水电工程典型移民村(社区)收入情况，如表 2-3 和表 2-4 所示。

表 2-3　老水利水电工程典型移民村(社区)收入情况调查汇总表

州(市)	市县	村(社区)	所属水库	建成时间	村民人口	移民人口	移民户数	收入情况(元/年)				
								人均农业收入	人均非农业收入			人均可支配收入
									劳务收入	服务业收入	其他	
楚雄州	楚雄市①	柳树箐村	九龙甸水库	1958	207	53	23	3 750	1 174	0	3 236	4 184
		习嘴资村	九龙甸水库	1958	229	120	34	5 700	1 997	0	3 236	5 330
大理州	祥云县	茨芭村	新兴苴水库	1969	4 583	372	90	5 000	3 000	733	0	8 733
		茨坪村	小官村水库	1964	2 390	495	156	300	4 000	700	1 000	6 000
	宾川县	江干村	新兴苴水库	20 世纪 60 年代	8 030	580	129	7 910	1 900	1 060	950	11 820
保山市	隆阳区	左所村	北庙水库	1962	1 036	639	165	7 951	2 000	0	0	9 951
曲靖市	麒麟区	独木村	独木水库	1958	4 871	2 473	793	1 800	6 100	0	0	7 900
		潇湘村	潇湘水库	1958	2 839	258	65	4 500	2 900	0	1 300	8 700
玉溪市	元江县	箐门口村	街子河水库	1984	81	49	13	49 240	810	560	378	12 000
		街子河村	街子河水库	1984	175	175	39	38 685	940	620	555	10 800
		南洒村	章巴水库	/	581	513	92	21 979	2 000	0	223	5 768
	红塔区	康井社区	东风水库	1960	4 568	353	151	0	1 139	0	13 881	15 020
		山头社区	东风水库	1960	3 734	273	113	4 294	9 558	3 889	3	13 450
		李棋街道	东风水库	1960	33 394	3 998	1 583	1 831	2 291	6 162	5 597	15 881

① 注:课题组依据楚雄州楚雄市的统计年鉴,结合实地调查,对各市的数据进行了适度调整。

续　表

州(市)	市县	村(社区)	所属水库	建成时间	村民人口	移民人口	移民户数	收入情况(元/年)				
								人均农业收入	人均非农业收入			人均可支配收入
									劳务收入	服务业收入	其他	
红河州	蒙自市	余家寨村	菲白水库等	1965	9 448	398	139	8 694	2 484	0	1 242	12 420
		就能村	五里冲水库等	1995	2 161	142	57	3 400	100	0	0	2 200
		永宁村	长桥海水库等	1983	3 102	1 270	334	5 406	2 640	0	3 147	11 193
	红河县	俄垤村	俄垤水库	1998	3 252	2 535	627	1 300	1 100	500	600	3 500
		阿撒村	俄垤水库	1998	5 953	238	42	500	1 500	1 000	600	3 600
		跑马路	俄垤水库	1998	2 947	1 154	192	1 000	1 300	1 000	600	3 900
曲靖市	罗平县	鲁邑村	鲁布革水电站	1990	209	158	38	3 000	800	0	0	11 090
	会泽县	麦地村	毛家村水电站	1958	3 184	377	166	1 000	300	100	100	2 120
		三家堂村	毛家村水电站	1958	2 721	1 788	456	1 500	1 700	150	200	3 150
普洱市	墨江县	西岐村	戈兰滩电站等	2008	2 721	833	163	8 320	480	220	120	7 328
		广丰村	居甫渡电站等	2008	3 063	255	50	8 560	420	150	140	7 342
红河州	建水县	勐曼村	南沙水电站	2006	672	613	148	10 724	4 352	3 560	2 600	9 392
平均值					—	—	—	7 936.31	2 191.73	784.77	1 527.23	8 183.54

数据来源：各相关县(市、区)移民局和相关乡镇人民政府填写的《2016 年度云南省大中型水库典型移民村经济社会基本情况统计表》。

表 2-4 新水利水电工程典型移民村(社区)经济社会概况调查汇总表

州(市)	市县	村(社区)	所属水库	建成时间	村民人口	移民人口	移民户数	收入情况(元/年)				
								人均农业收入	人均非农业收入			人均可支配收入
									劳务收入	服务业收入	其他	
楚雄州	楚雄市	栗子园社区	青山嘴水库	2009	7 405	7 405	1 381	0	0	0	11 269	11 269
文山州	文山市	播烈	德厚水库	在建	393	393	83	9 217	2 625	0	0	9 217
大理州	宾川县	新川村	小湾电站	2010	2 946	2 773	702	4 457	500	0	500	5 457
	漾濞县	菜白村	小湾电站	2010	1 314	434	144	2 030	400	200	224	2 854
保山市	隆阳区	坝湾村	小湾电站	2010	3 275	525	130	5 750	2 000	1 500	0	9 250
普洱市	思茅区	龙潭	糯扎渡水电站	2014	3 508	463	121	900	2 800	1 000	0	8 573
临沧市	凤庆县	大兴村	小湾电站	2010	3 987	1 087	285	2 432	3 800	4 205	0	10 437
		路山村	小湾电站	2010	3 561	316	73	0	4 000	5 206	0	9 206
昭通市	水富县	邵女坪社区	向家坝电站	2015	1 850	1 365	375	2 432	3 800	4 205	0	10 437
		温泉社区	向家坝电站	2015	2 600	2 128	498	0	4 000	5 206	0	9 206
丽江市	永胜县	涛源村	鲁地拉水电站	2013	2 378	1 876	578	3 500	10 000	2 700	3 600	8 133
	古城区	金龙村	金安桥、龙开口水电站	2011	1 860	1 860	444	3 800	4 000	1 000	4 200	13 316
平均值								2 876.5	3 160.42	2 101.83	1 649.42	8 946.25

数据来源:各相关县(市、区)移民局、相关乡镇人民政府填写的《2016 年度云南省大中型水库典型移民村经济社会基本情况统计表》。

从上表可以看出，不管是在新水利水电工程还是老水利水电工程的库区和移民安置区，移民的收入都不仅仅只有农业收入，非农收入在总收入中占有相当比例。可见，移民的收入渠道多样化，在保障移民收入的同时也进一步提高了移民的收入，这也得益于库区和移民安置区大力发展移民产业，促进移民就业等移民工作成效显著。

将上表 2-3 和表 2-4 的平均收入情况和云南省农村居民的人均可支配收入数据放在一起，可以得出如下汇总表，如表 2-5 所示，并绘制对比图，如图 2-11和图 2-12 所示。

表 2-5　2016 年新老水利水电工程移民平均收入和全省农民收入情况对比表

类别	平均收入情况(元/年)				
	人均农业收入	人均非农业收入			人均可支配收入
		劳务收入	服务业收入	其他	
老水利水电工程移民	7 936.31	2 191.73	784.77	1 527.23	8 183.54
新水利水电工程移民	2 876.5	3 160.42	2 101.83	1 649.42	8 946.25
云南省农村居民	—	—	—	—	9 020.00

数据来源：云南省农业厅于 2017 年 2 月 10 日对外公布的统计数据。

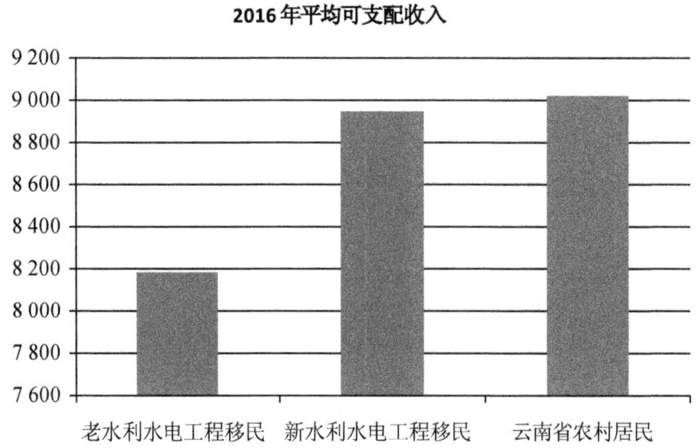

图 2-11　2016 年平均可支配收入对比图

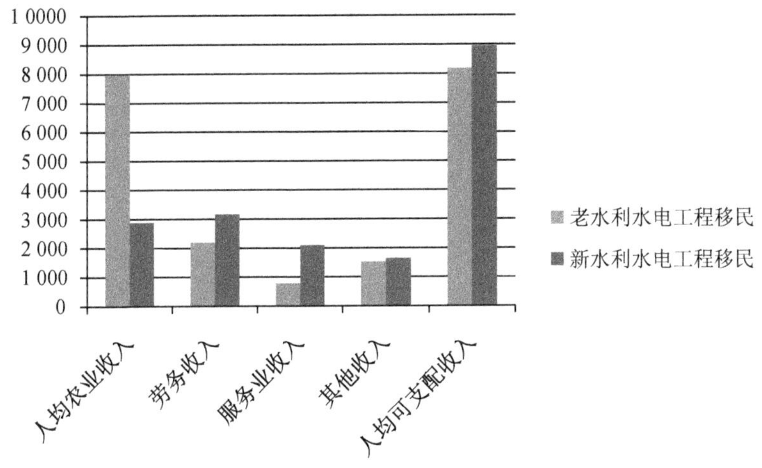

图 2-12　2016 年新老水利水电工程移民收入情况对比图

从表中可以看出，2016 年，老水利水电工程库区和移民安置区移民人均可支配收入的平均值为 8 183.54 元，新水利水电工程农村移民人均可支配收入的平均值为 8 946.25，云南省农村居民的人均可支配收入为 9 020.00 元。虽然移民人均可支配收入要低于云南省农村居民的人均可支配收入，但差距并不大。从图 2-11 中也可以直观地看到，尤其是在新水利水电工程库区和移民安置区，和农村居民的人均可支配收入基本持平，仅差 73.75 元。在实地调研中也了解到，有的移民村的人均可支配收入已远远超出了农村居民的人均可支配收入。随着全面建设“美丽家园、小康库区”工作的推进，与全省贫困地区相比，云南省新老水利水电工程农村移民平均可支配收入整体上在不断追赶全省农村居民的平均可支配收入水平。

通过将新老水利水电工程库区和移民安置区移民不同渠道收入情况进行对比，从图 2-12 中，可以直观地看出新老水利水电工程库区和移民安置区移民的收入结构情况，在老水利水电工程库区和移民安置区移民的收入中，农业收入占主要部分，其次是劳务收入，服务业收入和其他收入占比较小；而在新水利水电工程库区和移民安置区移民的收入中，农业收入、劳务收入、服务业收入以及其他收入均占有一定的比例，这样的收入结构使收入更加稳定有保障，同时也更有利于收入的进一步提高。

二、库区和移民安置区移民群众生产生活现状

云南省库区和移民安置区的移民，除了在收入上有了很大的提升，在人居环境、基础设施、风俗民情等各个方面都有了很大的改善。

案例：曲靖市麒麟区东山镇独木村。

建设前的移民旧村：

① 居住房屋：移民新村建设前的独木村委会，由于各村组居民住房没有经过统一的规划，各家各户散乱建盖，总体上布局分散、功能混乱，粮食、杂物堆于住房内，室内无卫生间，通风采光不好，家禽家畜养殖于宅院内，柴草、农家肥堆放于房前屋后，卫生环境较差，火灾隐患较大。尤其咱得（团庆）、禾草必、偏坡三个移民村庄由于住房年久失修，煤炭大量开采，造成严重的地质灾害，现已有大量的村民住房墙体、地板开裂和沉降，形成危房，威胁住户生命财产安全。

② 村内道路：独木水库库区道路是周边四个村委会及附近50余家煤炭企业的主要核心通道，也是连接麒麟与富源的纽带。多年来，由于道路凸凹不平、弯多坡陡，库区移民及周边的群众过着“晴天一身灰，雨天一身泥”的生活。日均500余辆的运煤车辆往返辗压、道路状况日渐崩坏、长时间的交通堵塞，让村民的产品无法运出或是运输成本过高，尤其是库区移民，由于受水库限制，有的村组要绕行数小时才能到水库对面劳作，害得群众怨声载道、苦不堪言。对于煤矿企业来说，交通不畅所带来的安全隐患更成为严重制约煤炭生产发展的瓶颈，许多煤炭企业不止一次的对区域道路主动出资，进行铺垫，可经过雨水冲刷和车辆辗压后，它又恢复了往日的“狰狞”面孔。出行难、运输难成为当地经济快速健康发展的拦路虎。

③ 周边环境：独木村委会8个村民小组无公共厕所，人畜未分离，无垃圾收集设施。村民自建简易厕所和牲畜房，村内随处可见牲畜粪便和生产生活垃圾，雨天污水横流。村内路边随处可见煤矸石堆放，扬尘、污水等对周边村庄住户生活居住环境、村民的饮水水源和生产耕种环境均产生不良影响。煤炭开采中会有大量的瓦斯释放，矿井通风过程中把这些瓦斯排放到大气中，对空气造成一定程度的污染。另外煤炭和煤矸石的堆放及煤炭的运输均会产生大量的粉尘，使煤场附近空气粉尘含量增高，对周围的环境遭到污染，给附近的居民生

活造成影响、健康造成危害。

建设后的移民新村：

在麒麟区委、区政府的坚强领导下，在省、市移民局的大力支持下，当前的独木新村呈现出全新的姿态。

① 村庄布局展现新面貌。独木移民新村按照高标准、集约化、特色化的要求，科学选址、科学规划，遵循生产区与生活区、工业区与农业规模经营区、居住区与公共服务区分开的原则，综合规划了居住区的水、电、路通讯和雨污分流、垃圾处理等配套设施，综合规划了公共服务区的绿化、亮化、美化工程和休闲、娱乐、购物为一体的服务设施。通过统规统建建设点生产生活设施更配套，功能更加齐全，较好地解决了“农村建设无规划”、“只见新房不见新村”的问题。到目前为止，已有200户移民住进了新居，率先感受着党和政府以及移民政策所带来的福泽。进入独木移民新村，一条条宽广整洁、纵横交错的大街，一排排外观统一、美观、适用的联排别墅环抱在绿树红花中，傍晚劳作一天的人们在太阳能的沐浴后，纷纷来到多功能休闲广场，呼吸着清新干净的空气，在明亮的路灯下畅谈着幸福的生活，在休闲广场上描绘着美好的明天。

② 道路交通打开新通道。独木水库库区道路的畅通，不仅成为了连接库区人民与富源人民友好往来的桥梁，更彻底地改变了库区移民及周边群众的生产生活面貌，进入库区移民村，映入眼帘的是一条条宽广平坦、纵横交错的水泥硬化路，移民百姓走亲串友、打工赶集，奔走在库区致富的康庄大路上，彻底告别了“晴天一身灰，雨天一身泥”的生活；库区道路的畅通，更成为库区各项产业发展的全新通道，它极大地提升了当地煤工业产品和农产品的外调能力，有力推动库区旅游商贸、餐饮住宿、交通运输以及其他服务业等第三产业的快速发展，为库区移民的后续支撑产业快速发展提升蓄势添劲。

③ 农民收入实现新突破。移民新村建设几年来，已初步形成家庭经营收入、工资性收入、福利性收入等多种收入齐头并进的多元化收入格局。通过实施“素质提升”工程，从“输血工程”向“增强造血功能”转变，为农民铸造了增收致富的金钥匙。独木村通过有序向镇外和周边企业转移就业，增加农民工资性收入。目前累计向境外输出富余劳动力863人，占建设区域农村劳动力27%，年人均务工收入达15 000元；截止2016年底，独木村委会农村经济总收入9 179万元，其中：种

植业收入 556 万元，畜牧业收入 1 843 万元，林业收入 123 万元，农民人均纯收入 12 653 元，比上年增加 1 745 元。如今，移民新村建设点正以强大的辐射网络，带动周边村庄产业快速发展，为麒麟区城乡统筹发展奠定了坚实的物质基础。

④ 乡村文明彰显新风尚。随着独木移民新村的建成，移民以崭新的姿态成为了新居的主人，新村处处彰显着新风尚。通过开展“讲文明、讲科学、讲卫生、树新风”，“十星级”文明户创评、公民“道德建设”工程及“打造新农村、建设新家园、争当新女性”系统培训等活动，彻底改变了农村以前舍内室外乱堆、乱放、乱扔的陋习，引导农民群众树立了文明意识、健康意识、卫生意识、节俭意识、和睦意识；通过创平安库区、平安村、平安组、平安户的“四联互创”工程，健全治安防范长效机制，治安状况总体良好，群众安全感满意率 98%；民事纠纷调解率达 98.6%，对新村建设成果满意率达 99%。移民新村里，群众和谐相处氛围明显浓厚，党群干群关系进一步密切；闲暇时间打架斗殴、麻将赌博的年轻人少了，农家书屋成了他们学习科技文化知识的主要阵地；从事封建迷信的现象少了，取而代之的是对科学力量的崇尚和对党的信任与拥护。

⑤ 土地流转积累新经验。独木移民新村建设通过迁村并点、集中居住，建盖了具有山区地域特色的农民别墅，探索出一条具有麒麟特色的“山地城镇”之路，同时也节约了大量土地，移民新村建设共节约土地 150 亩，比农户原住房占地面积节约土地 72.5%。独木村共依法流转承包地 1 200 亩，土地流转后，禾草必村小组范围内村民不再从事农作物种植，由禾草必辖区范围内的煤矿按比例对农户进行补助，补助 10 年，补助标准为每人、每年 1 000 元，10 年后按产业收益对农户进行分红，解放出来的劳动力可以外出务工或投入到当地专业农村种养殖合作社工作，增加农户额外收入。独木移民的土地流转，不仅优化了生产配置要素，同时为麒麟区和周边县市下步新农村建设提供了宝贵的经验。

独木移民新村建设，让移民群众的生产生活面貌发生了巨大的变化，库区道路的畅通，促进了库区移民经济社会快速发展；基础设施的完善，极大地丰富了当地移民群众的精神文化生活，也提升了移民的生产生活质量。独木村建设前后的对比图如图 2-13 所示。

在革除陋习方面，以勐曼村为例，成效主要体现在红白喜事方面。搬迁之

图 2-13　曲靖市麒麟区东山镇独木村建设前后对比图

前，按照传统民族风俗、生活习俗，在红事操办上，吃喝风盛行，需要 7 天左右才能操办完毕；在白事上，需要 10 天左右才能操办完毕，陈规旧俗程序繁杂，同样存在吃喝风气，并且有几个子女，就要屠宰多少头牛，且外家带一半牛肉回去后，还要请本村大摆宴席，参与人员均还需随礼，在时间、人力、财力上耗费很大。搬迁之后，随着社会主义核心价值观的深入人心，在镇党委、政府的积极引导下，村民逐渐融入了南庄这个大家庭，并且制定了村规民约，规定了村风民俗条例8条，在红事上，现在只需要3天，其中请客办事1天，后勤准备工作2天，主要减少了办事程序和改变了吃喝风气；目前，所有村民均已习惯了简化后的红事请客程序。在白事上，只需要3天就能完成，并且由之前的屠宰牛等改变为用礼金代替，直系亲属多的一般随礼1～2千元，相比旧习俗中需屠宰一头，有了明显的革除陋习成效，每次白事请客主家大约节省3万元左右，避免了铺张浪费现象。此外，教育水平也有显著的提高，村里原来只有2名大学生，目前含在校大学生共有11名。

三、建档立卡贫困移民脱贫情况

（一）云南省建档立卡贫困移民情况

根据云南省移民开发局2016年8月核定的动态信息确认的云南省大中型水库建档立卡贫困移民为77 139人，占移民人口的11.19%。其中，迪庆州、怒江州、红河州、临沧市、文山州建档立卡贫困人口所占本地移民人口的比重最大。各地州建档立卡贫困移民核定情况如下表2-6所示：

表2-6　云南省16地州大中型水库建档立卡贫困移民分布表

地区	州/市	县	乡镇	村	总人口		其中：移民		建档立卡贫困移民	
	个	个	个	个	户	人	户	人	户	人
合计	16	128	973	5 476				689 355		77 139
云南省	昆明市	15	97	714				53 757		415
	昭通市	11	84	424				113 413		12 224
	曲靖市	10	118	918				104 965		14 123
	楚雄州	10	76	357				41 974		1 880
	玉溪市	9	58	320				28 180		110
	红河州	12	76	906				54 574		16 670
	文山州	7	54	155				26 199		4 886
	普洱市	9	96	203				65 282		6 541
	西双版纳州	3	13	48				6 479		249
	大理州	12	76	372				54 934		5 139

续 表

地区	州/市	县	乡镇	村	总人口		其中:移民		建档立卡贫困移民	
	个	个	个	个	户	人	户	人	户	人
云南省	保山市	5	56	332				30 345		3 609
	德宏州	5	37	127				19 007		1 379
	丽江市	5	53	187				45 246		1 218
	怒江州	4	11	55				1 204		214
	迪庆州	3	16	67				4 065		1 452
	临沧市	8	52	291				39 731		7 030

通过建档立卡，精准地进行移民的脱贫，整体取得了很好的经济效益、社会效益和生态效益。

① 经济效益。实行直补的移民，人均每年可增加 600 元的纯收入，在解决了移民温饱问题的基础上，兼顾解决了移民生产投资、经营等生产生活中资金缺口问题；实行项目扶持，大力改善库区和移民安置区基础设施建设条件，为加快移民的致富步伐奠定良好的基础，拓宽了移民就业渠道和提升种养技术水平，从根本上增强移民"造血"功能，从而全面促进库区和移民安置区经济社会的可持续发展，带来了显著的经济效益。

② 社会效益。在有效解决移民生产生活中的突出问题的同时，也产生了巨大的社会效益。通过基础设施建设，移民村组的交通、绿化等几个问题得到了有效改善；通过加强农田水利配套，改善了农业生产条件，增强了抗御自然灾害的能力。通过加强种植业、养殖业和林果业的发展，形成了产业基地，通过产业化模式培育产业优势，完善了产业链条，使资源得到合理的开发利用，将潜在资源优势转化为经济优势。一方面移民经济生活水平得到提高，增强了移民村组的经济优势和综合能力，另一方面移民村组在产业发展进程中不断地与其它地区交流和合作，与其它地区的经济发展形成了很好的良性循环。

③ 生态效益。改善了移民所在村组的生产生活居住环境，丰富了移民的精神文化生活；创造了良好的发展环境，促进移民思想观念的改变，增强移民自我发展能力，提高移民文化生活水平；改善了投资环境，促进人流、物流、信息流的发展；移民了解到更多的国家政策、法律法规以及各种商业信息，有效激发了移民群众致富建小康的热情；移民自觉大力发展多种经营，推广实用新型技术，加

速产业结构调整，提高了土地利用率，从而推动所在区域经济社会的健康、快速和可持续发展；加上移民文化素质的提高，增强了环保观念，减少不合理的耕作，有利于库区生态环境的改善。

（二）案例：建水县大中型水库建档立卡贫困移民情况

以建水县为例，建水县大中型水库建档立卡贫困移民户共计 63 户 183 人，本年度评估抽取建档立卡移民样本户 11 户 36 人，抽取建档立卡样本比例为 19.67%。

（1）建档立卡贫困移民家庭收入情况

根据抽样调查的结果，在移民纯收入方面，2016 年移民建档立卡样本户的人均纯收入为 4 497 元，远低于建水县大中型水库移民样本户人均收入水平。

家庭收入来源主要由工资性收入、生产经营性收入、财产性收入和转移性收入几部分构成。在家庭收入结构方面，移民样本户的工资性收入占比最大，为 37%；种植业、养殖业收入等家庭经营性收入比重次之，为 35%；转移性收入占比也很大，占 28%，主要包括低保收入、大中型水库移民后期扶持收入等扶持、救助性收入。这说明建档立卡移民户收入主要来源依靠种植、养殖、打零工，国家救助、扶持资金。建档立卡移民样本户收入结构情况如图 2-14 所示。

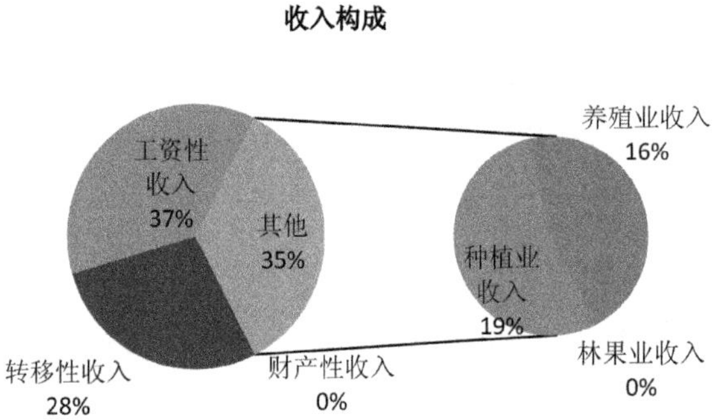

图 2-14　建档立卡移民样本户收入结构情况

（2）建档立卡贫困移民生活水平情况

对于建档立卡移民样本户生活水平方面，在水电路等基础设施条件上，与同村组其他移民户一样，通过大中型水库移民后期扶持项目的实施得到了改善。

2016 年对外道路状况砂石路的为 37.50%，土路为 12.50%，水泥路为 18.75%，沥青为 31.25%。水泥、砂石路面的比例得到了大幅的提高。

供电方面，建档立卡移民样本户 2016 年完成农网改造增加至为 75.00%

用水方面，建档立卡移民样本户 2016 年安全饮用水占比为 96.87%。2015

年取水方式为井水、自来水、山泉水，自来水的占比为 85.00%。

住房条件方面，建档立卡移民样本户 2016 年人均正房面积为 29.08 m^2，人均附属房面积为 13.20 m^2，人均宅基地面积为 48.85 m^2。

(3) 建档立卡贫困移民生产水平情况

建水县共有建档立卡贫困移民人口 63 户 183 人，占移民人口的 2.9%。“十三五”期间，计划通过多项措施综合解决建水县移民贫困问题，其中，项目扶持 148 人、移民贷款扶持 28 人，生产扶持 89 人、教育培训 85 人次，规划总投资 1 810 万元。已经纳入了建水县移民“十三五”规划之中，结合建水县精准扶贫政策，县扶贫攻坚办统一建档立卡，实行包保对接，按照“十三五”规划编制，整合移民后扶规划资金，捆绑使用，力争用三年时间到 2018 年使建档立卡的 350 人贫困移民全部脱贫出列。

(4) 建档立卡贫困移民脱贫情况

贫困移民情况如表 2-7 所示。

表 2-7 建水县大中型水库库区和移民安置区贫困移民脱贫情况

项目	单位	基准年(2012 年)	评估年(2016 年)
县(市区)贫困线标准	元/年		
1. 全县贫困人口情况			
全县贫困人口总户数	户		121
全县贫困人口总人口	人		381
2. 移民贫困情况			
移民贫困户数	户	63	47
移民贫困人口	人	183	144
3. 移民脱贫人口情况			
3.1 后期扶持规划年度脱贫计划			2012—2016 年脱贫 39 人
脱贫户数	户		
脱贫人口	人		
3.2 后期扶持规划年度实际脱贫情况			2012—2016 年已脱贫 39 人
脱贫户数	户		
脱贫人口	人		
4. 移民贫困人口人均纯收入		3 450	4 550
5. 移民户年度脱贫主要措施或原因		项目扶持	项目扶持

第三节 全面建设"美丽家园、小康库区"面临的问题

为确保到2020年全面建成"美丽家园、小康库区",云南省各大中型水利水电工程库区和移民安置区在所有的"美丽家园、小康库区"指标层面上需要保持较高的年均增速。目前,云南省库区和移民安置区的经济发展相对比较缓慢,综合经济实力较弱、发展方式粗放、产业支撑力不强、资源环境约束强化、公共服务体系不够健全、部分地区的移民生活水平依然低于当地居民的生活水平,部分老水利工程移民的住房条件和公共基础设施规格均亟待改善和提高;在医疗、养老、教育、卫生、社会保障、生活垃圾处理、安全饮水、绿化等社会发展和人居环境方面,大部分老水利水电工程库区和移民安置区距离"美丽家园、小康库区"的目标值都不同程度地存在差距。主要有以下几个方面的问题。

一、库区和移民安置区的经济发展[①]

(一)部分区域的人均地区生产总值和移民人均年纯收入较低

受移民发展意识和自身发展能力限制,库区和移民安置区虽然土地、林地、旅游等资源较为丰富,但产业发展起点低,部分地区呈粗放型生产经营状态,农副产品经营效益不高;移民的生产生活水平虽然呈逐年上升趋势,但增速比较缓慢,与当地群众生产生活水平相比还存在一定差距。部分移民所在村组的基础设施条件落后,交通不便导致农副产品流通不畅;移民整体素质相对较低,谋事、创业和发展生产的意愿还不高,学科技、用技术的积极性较低。部分移民人均可支配收入暂未达到当地农村居民人均可支配收入水平。

(二)产业结构地区差异较大,经济发展的地区协调性差

老水利水电工程移民安置地区农业为主的经济发展结构导致这类水库的安置区移民家庭非农收入比重、二、三产业从业人员比重等都与小康社会的建设

① 云南省移民开发局,河海大学.2014-03.云南省水利水电工程库区和移民安置区创建"美丽家园、小康库区"研究.

目标存在较大差距，经济发展后劲不足，产业结构调整难度非常大；虽然新建水利水电工程移民安置区的二、三产业劳动力比重都已达到小康水平，但是"40 岁～50 岁"移民的就业仍面临困难。

二、库区和移民安置区的生活条件①

近年来，在云南省委、省政府的正确指导下，各州市为改善水库库区和移民安置区生产生活基础设施条件做出了许多努力，库区和移民安置区移民群众也发扬自力更生、艰苦创业的精神，通过实施农田水利、生产开发、社会事业设施等建设项目，移民区基础设施条件得到了一定改善，确保了移民地区社会的稳定。但由于历史原因，云南省仍有部分库区和集中安置区的生存条件较差，近年来虽然国家对移民进行了多方的扶持，但到目前为止，仍有部分水库移民的生产、生活条件还离小康社会的要求有一定差距。

三、库区和移民安置区的社会发展

（一）新型农村社会养老保险的参保率有待提高

受政策条件的限制，目前云南省大中型水利水电工程库区和移民安置区的新型农村社会养老保险平均参保率与"小康库区"社会保险建设目标还有一定差距。通过将水利水电移民纳入农村社会养老保险体系是一项长期的系统工程，在后续的"小康库区"创建过程中，各库区和移民安置区应有重点地推动移民纳入地方社会保障体系的进程。

（二）教育和医疗卫生服务设施不完善

相较于新水利水电工程库区和移民安置区"小康库区"社会发展子系统的创建，云南省老水利工程和老水电工程移民安置村组（社区）的社会发展建设水平相对低许多。老库区和移民安置区移民的每千人拥有医护人员数量、移民平均受教育年限和高中毛入学率三项社会发展指标的实现程度都较低，这也导致新水电移民安置点基础设施的效能无法得到有效发挥，公共服务能力和范围都无法得到充分利用。

---

① 楚雄州移民开发局. 2016-05. 云南省楚雄州大中型水库移民后期扶持"十三五"规划（2016—2020 年）.

（三）移民参与安置地公共事务程度较低

由于移民的民主意识相对缺乏，目前库区和移民安置区仍存在公共事务移民参与率较低的情况。需要进一步加强引导，通过更有效的途径，加强移民的参与度。

四、库区和移民安置区的人居环境

（1）农村生活垃圾的无害化处理率和村庄绿化率较低

搬迁较早的库区和移民安置区农户日常生活的燃料来源主要依赖庄稼秸秆、砍伐山林或使用煤炭，能源结构的不合理使得各安置村组的生活垃圾无害化处理率非常低，空气污染和固体废弃物污染严重，不利于生态的良性循环，也阻碍了移民生活水平的提高。由于老水利水电工程多数采取大农业安置方式，水库淹没线以下的移民多数采取后靠安置。随着库区人口的不断增加，库区有限的自然资源和土地资源成为制约移民建设“美丽家园、小康库区”的限制条件。同时，库区和移民安置点的基础设施建设严重落后于经济社会发展，在生活垃圾无害化处理和村容绿化方面，各地政府财政资金投入不足。

（2）清洁能源使用率较低，特别是沼气使用问题突出

部分库区和移民安置区农户日常生活的燃料来源主要依赖庄稼秸秆或砍伐山林，还有少部分家庭使用煤炭，清洁能源使用率低，不利于生态的良性循环。目前，因资金条件限制，农村沼气设施建设规模还未能满足新农村建设和移民生产生活的需要。

（3）雨洪排放系统不够完备

部分库区和移民安置区尚没有建设雨洪排放系统，某些村庄虽然有雨洪排放的相关设施，但是一般比较简陋且建设年代较早，在面对暴雨、洪水等特殊状况时很难发挥其作用，对自然灾害的抵抗力不足，对村民的生产生活造成了影响。

（4）缺少固定的村民文化活动场所

受资金和场地的限制，部分移民村仍没有固定的文化活动场所，无法举办集体文化活动，村民的精神生活受到影响。

云南省各州市全面建设“美丽家园、小康库区”工作面临的突出困难和问题如表 2-8 所示。

表 2-8　云南省水库移民工作突出困难和问题汇总表

序号	困难和问题因素	涉及州（市）
一	**自然因素**	
1	土地资源匮乏	昆明市、曲靖市、玉溪市、红河州、文山州、普洱市、西双版纳州、保山市、迪庆州、怒江州
2	交通不便	曲靖市、楚雄州、红河州、普洱市、保山市、德宏州、丽江市、临沧市
3	自然灾害	昆明市、曲靖市、楚雄州、文山州、普洱市、大理州、丽江市、迪庆州
4	设施不足	昭通市、红河州、保山市、德宏州、迪庆州、临沧市
5	水资源匮乏	楚雄州、玉溪市、红河州
二	**经济因素**	
1	移民经济来源单一	昆明市、曲靖市、玉溪市、文山州、普洱市、大理州、临沧市
2	基础设施发展薄弱	昆明市、昭通市、楚雄州、普洱市、西双版纳州、大理州、德宏州、丽江市、迪庆州、临沧市
3	发展规模较小	昭通市、红河州、文山州、大理州、丽江市、怒江州
三	**社会因素**	
1	移民群众文化程度普遍较低	昆明市、昭通市、曲靖市、楚雄州、玉溪市、文山州、普洱市、西双版纳州、大理州、保山市、德宏州、丽江市、怒江州、临沧市
2	社会热点难点问题处理难度大	红河州、临沧市
3	医疗保健机构不健全	曲靖市、西双版纳州
4	不同民族的宗教信仰、文化传承、生活习惯差距较大	楚雄州、普洱市、迪庆州
四	**政策因素**	
1	社会保障问题	昆明市
2	不同项目标准差别较大引发社会稳定等问题	昭通市、曲靖市、西双版纳州
3	土地调剂和流转难度增大	红河州、西双版纳州、德宏州、临沧市
4	部分移民未收益	楚雄州、普洱市
五	**其他**	

资料来源：《云南省大中型水库移民后期扶持“十三五”规划（2016—2020 年），云南省移民局。

第三章

全面建设“美丽家园、小康库区”移民工作的实践

第一节　水利水电工程移民安置工作的实践

一、健全移民安置政策法规体系

在省委、省政府的大力支持下，云南省移民局高度重视移民安置工作，结合不同时期管理体制和移民安置的特点，适时提出了符合云南省实际情况的移民安置政策，促进了云南省移民政策法规体系完善的同时，保证了移民工作“有法可依”和“依法移民”。

2016年以来，云南省移民局先后出台了一系列大型水电工程移民安置综合设计、独立评估和综合监理绩效考核和移民资金县级报账管理办法，修订完善了移民安置实施设计变更、移民安置验收管理办法等12项管理办法和措施。随着国务院令第471号《大中型水利水电工程建设征地补偿和移民安置条例》的修订和国务院令第679号《大中型水利水电工程建设征地补偿和移民安置条例》的颁布，为进一步完善移民工作程序，云南省出台了《云南省大中型水利水电工程移民工作管理办法》。该《办法》明确了移民前期规划、搬迁安置、后期扶持、移民资金和监督考核等工作管理要求，进一步健全完善全省移民政策法规。

二、创新移民安置方式

近年来云南省在不断总结现行移民安置经验教训的基础上，积极探索创新

移民安置方式，多途径、多渠道安置移民，在以土安置基础上，主要实施了二、三产业安置、投亲靠友安置、自谋职业安置、逐年补偿安置等移民安置方式，随着逐年补偿安置方式在云南省内推行，云南省大中型水电工程移民安置工作取得阶段性成就，得到地方党委政府和广大移民群众的大力支持。

云南省率先实现安置方式由以农业生产安置为主向多种安置方式并举转变，是我国第一个推行和采用货币方式进行逐年补偿安置的省份。云南省结合实践积极探索水利、水电工程移民生产安置的新途径、新方式，采用非农安置或农业与非农业安置相结合的方式，对农业移民不配或少量配置相应耕地资源，而采取逐年货币补偿，极大缓解了安置区人多地少的矛盾，并把广大移民群众大量的劳动力从耕种土地的传统农业生产中解脱出来，为其进入城镇或到发达地区谋发展提供了条件，逐年补偿安置方式实现了移民安置区的人口、经济、社会与环境的持续协调发展、社会的和谐。

案　例

向家坝水库搬迁前，库区经济发展落后，移民劳动力从业类型单一，实行逐年补偿后，随着库区移民劳动力的转移和补偿补助资金的到位，就业形势逐渐好转，居民人均收入和储蓄存款余额得到了大幅度增加。据统计，2015 年绥江县居民可支配收入实现了 20 622 元，比 2008 年年均增长 16.69％，增率比全市平均水平高 1 个百分点；农民人均纯收入 5 299 元，比 2008 年年均增长 30％，增率比全市平均水平高 4.4 个百分点。

资料来源：云南省移民局. 2017-11. 云南省大中型水利水电工程移民安置方式实践与创新研究

三、创新移民工作方式

近年来，云南省移民局在工作实践中围绕中心、服务大局，积极创新思路，主动作为，创造出具有云南特色的移民安置方式和工作路子。如期打赢向家坝、溪洛渡、糯扎渡、鲁地拉四座大型水电站移民安置攻坚战，顺利推进乌东德、白鹤滩水电站的移民前期工作，顺利完成重点水利工程的移民搬迁安置，面对艰巨而复杂的移民工作，各级移民干部紧盯“搬得出、稳得住、能发展、会致富”的目标，敢啃最硬的骨头，攻坚克难，抓实移民搬迁安置、产业发展等工作，加快推进库区和移民安置区经济社会跨越发展，使广大移民群众脱贫致富，真正共享改革发展成果。

（一）建立水库移民法律服务工作机制

为进一步加强云南省水利水电工程移民法律服务工作，切实维护移民群众合法权益，促进库区和移民安置区社会和谐稳定。2014年云南省制定和颁布了《云南省大中型水利水电工程移民法律服务工作实施办法》，在全省16个州市、68个县成立了大中型水利水电工程移民法律服务办公室。

移民法律服务工作的对象主要是已建、在建大中型水利水电工程建设征地移民，惠及全省水库移民，各州市县移民部门组织开展法制宣传、人民调解、基础法律服务、法律援助、司法专项扶持等法律援助和服务，旨在通过开展移民法律服务工作，畅通移民群众表达诉求渠道，妥善处理好移民群众矛盾纠纷和涉法涉诉问题，把移民从过去自发无序、违规违法上访引导到有序依法、合规上访上来，减少和杜绝移民群体性事件、大规模越级上访问题的发生，为建设法制云南、平安云南做出新的贡献。

云南省每年从库区基金中统筹安排专项工作经费，为移民提供专项法律宣传、咨询、公证和诉讼服务，开展法制宣传1 200多场次、发放宣传资料80余万份，接待移民法律咨询10万多人次，实现移民法律援助“应援尽援”。

（二）搬迁安置与脱贫攻坚相结合

云南省采取以土地安置、城镇化安置、后靠安置、逐年补偿安置、复合安置等多种搞好搬迁安置方式，充分尊重移民生产和搬迁安置意愿，并建立健全逐年补偿增长机制，切实做到搬迁安置中移民住房一次性达到和超过国家规定的住房最低保障标准，同时为人均耕地不足1亩的贫困移民按人均1亩以上标准落实逐年补偿，人均年收入达到2 000元以上，做到不因搬迁安置而导致一人致贫。云南省还积极推进城镇化安置，在新建的白鹤滩、乌东德、车马碧、德厚、滇中引水等大型水电水利工程中，对需搬迁安置的移民规划向县城、集镇靠拢，更加注重交通、文化、教育、卫生等基础设施建设，使安置区的公共服务设施更加配套，移民的上学、就医、出行更加便利。同时，充分考虑外迁安置地的环境、条件、资源，以及移民的后续发展空间，为移民的长远生存和发展打好基础。

据统计,“十二五”以来,云南省完成水利水电移民搬迁安置29.4万人,其中完成水电移民安置24.15万人、移民投资近700亿元,促进完成水电工程投资近3 500亿元、上缴税费395.4亿元;保障了水利工程投资1 500多亿元;确保了向家坝、溪洛渡、糯扎渡等10座大型重点水电站如期或提前下闸蓄水发电,小中甸水库、牛栏江—滇池补水工程等重大水利工程如期建成,大批水利水电基础设施建设促进了云南发展,为全省经济社会做出了突出贡献,为国家清洁能源基地和西电东送做出了积极贡献。截至2016年10月底,全省累计安置移民108.5万人,其中大中型水利水电移民96万人,核准大中型水库农村移民后期扶持人口近68.94万人①。

案　例

云南省永胜县鲁地拉水电站短短7个多月时间要完成2万多移民的搬迁安置任务,各种矛盾和问题相互交织,面对严峻的形势和繁重的任务,永胜县加强组织领导,构建起高效快捷现场协调解决实际问题的工作机制。

一是建立分级负责的协调处置机制。县里成立并调整充实了永胜县金沙江水能开发和移民工作协调领导小组,在鲁地拉水电移民工作进入关键时期后,又及时成立了永胜县移民搬迁安置工作指挥部(简称“大指挥部”)。同时,县里形成了“挂钩部门工作组→移民安置点指挥部→县移民搬迁安置工作指挥部→县移民工作协调领导小组”、“相关乡镇→移民指挥部”的自下而上的问题处理机制和自上而下的工作部署机制。在这一工作机制的高效运转下,各种层出不穷的矛盾问题在第一时间得到了有效解决,使全县移民搬迁安置工作快速顺利推进。

二是落实部门挂钩负责制。65个县直挂钩部门派出精干人员挂村包户,以“一日不完成工作任务一日不还”的决心和信心,采取各种超常规措施,进村入户开展政策法律宣传、地表实物调查补偿、特殊装潢调查补助、

① 人民网,移民搬迁安置的“云南模式”,2016-11-01,出自云南日报 http://yn.people.com.cn/n2/2016/1101/c378439-29234937-2.html

搬迁协议签订、建房指导服务、安置区防洪度汛、矛盾热点调处、安全生产督查、生产安置人口确定等工作，在既定的时间节点内完成了既定的工作任务，做到四班子领导挂帅又出征、部门领导干部身体力行、工作队员扎实苦干。

三是加大督查奖惩力度。省、市、县都成立了督查工作组，采取定期或不定期、明查暗访等方式对各项工作进行督查，并开通督查专报、设置移民工作进度通报专栏、利用《手机报》平台对各部门工作情况和进度绩效实行每天通报，进一步增强各安置点指挥部及各挂钩工作组的责任感和紧迫感。

四是注重舆论引导。为营造良好的移民搬迁安置工作氛围，永胜县委宣传部和县文广局抽调专业记者并邀请《丽江日报》和丽江电视台派出记者组成宣传报道组常驻库区开展专题宣传报道和资料收集工作。县移民局还加强对移民政策和工作业务培训，及时制作了《移民工作宣传手册》、《移民房屋建设技术要点》24 000 多份发放到移民工作队和移民群众手中。

资料来源：李果. 2013-09-09. 金沙江水电移民的成功实践——云南省永胜县鲁地拉水电站移民搬迁工作调查.（http://shzylt.yunnan.cn/html/2013-09/09/content_2878189.htm）

四、完善维稳工作机制

（一）以人为本，协调解决移民遗留问题

云南省想尽一切办法解决移民合法诉求，保障移民合法权益，维护库区和移民安置区的社会和谐稳定。例如，金沙江流域水电站 2017 年度多渠道解决电站移民工作收尾工作中存在的问题，以化解矛盾。通过组织金沙江中游涉及的地方政府、业主和设计单位，多次沟通、反复协调，明确了逐年补偿费用统筹、逐年补偿执行标准、临时过渡生活补助费的截止时限，统一了 6 座水电站移民安置逐年补偿政策，统一了逐年补偿标准的统筹方式，为剩余集体财产的处置创造了条件，基本解决了金沙江中游水电站移民安置在逐年补偿政策上存在的重大困难和问题。积极做好项目清理，及时开展设计变更。开展了 40 余项移民重大设计变更的审查，为各电站移民安置工作收口创造条件。对昭通市上报

省政府的 20 余个问题进行了认真研究，在征求各单位意见的基础上，上报了处理建议。

（二）积极推行"一线工作法"，变移民上访为干部下访

云南省主要领导和普通移民干部每年都坚守在库区一线，组织动员和宣讲政策，换位倾听移民群众的诉求，协调和集中力量解决移民群众最关心、最急迫要求解决的各类困难和需求，把大量矛盾纠纷排查化解在基层和萌芽状态，尽最大努力消除影响库区和移民安置区社会和谐稳定的矛盾隐患。

（三）移民信访维稳基础工作不断夯实①

云南省狠抓基层信访维稳基础工作，落实各部门维稳责任，总体上实现了从被动"保平安"向主动"创稳定"转变。以创建"平安库区"为抓手，从省级库区基金安排基层维稳工作经费 1.85 亿元，综合施策解决移民诉求；扎实开展移民法律援助和服务，免费开展移民政策法律咨询、维权救助和代理诉讼，接待移民法律服务咨询 12 万多人次，实现了移民法律援助"应援尽援"；抓好移民信访维稳信息预警，开展了 64 项移民安置社会稳定风险评估，把矛盾解决在基层和萌芽状态。"十二五"期间，在移民安置人数不断增加的情况下，全省移民信访总量每年以 10％幅度递减，实现了库区和移民安置区总体稳定。

（四）健全机制，提高综治维稳工作水平

云南省以"6995"网格化服务管理为载体，健全移民信访维稳责任制，开展了 64 项水利水电工程建设征地补偿和移民安置社会稳定风险评估。依托河海大学稳评中心等国内高校的科研力量，大胆创新工作方式，扎实有效地推进大中型水利水电工程建设征地补偿和移民安置社会稳定风险评估工作，这一做法得到中央维稳办和省维稳办的高度评价。严格落实全国"两会""中国—南亚博览会"等重点时段"零报告"值班和信访维稳，把矛盾解决在基层和萌芽状态，确保了全国、全省重大政治活动期间无集体上访、越级上访事件。通过努力，5 年来，在移民人数不断增加的情况下，全省移民信访总量每年以 10％的幅度递减，移民集体上访和群体性事件由易发多发向主动防范转变，维稳形势总体可控。云南省移民局连续 4 年被省委、省政府考评为综治维稳（平安建设）工作先进单位。

① 张登亮. 贯彻落实五大发展理念推动移民工作创新发展. 云南移民电子杂志. 2016，16(1)：6-11.

五、创新移民工作机制

（一）机关自身建设效果显著

近年来，云南省移民局加强了在理论武装、机关党建、党风廉政、意识形态工作、干部队伍、信息化建设和宣传信息以及政务公开等方面的工作，取得较好的成绩，例如：省委组织部刘部长和国家公务员局领导分别到云南省移民局调研后，给予了高度评价。云南省移民局绩效考核的软件获得了国家计算机软件著作权，并将工作经验在全国公务员平时考核工作座谈会上进行了交流；宣传信息工作成绩显著。办公自动化和规范化水平提高，完成了信息化一期工程建设；机关档案室规范化建设，2014 年通过了省级机关档案规范化示范单位考核认定，被评定为“省级党政机关社会团体档案工作规范化管理示范单位”。

（二）创新扶持机制，确保移民后期可持续发展

一是学历教育和技能培训同步推进，移民素质得到明显提高。自 2012 年以来，云南省财政厅联合省移民局，累计安排资金 1 517.9 万元，委托省内就业率较好的大中专院校开展移民职业教育培育工作，三年共计招收移民学生超过 1 500 人，涉及 10 所学校的 109 个专业。同时，通过切块下达资金，支持州、县开展就业和劳动技能培训。今年开始，云南省财政厅将进一步加大支持力度，力争使全省适龄移民青年实现“智力移民”全覆盖，使广大移民劳动力实现就业和劳动技能培训全覆盖。

二是移民新村建设和产业扶持政策双措并举，库区和移民安置区生产生活得到快速发展。根据云南省“十二五”大中型水库库区和移民安置区基础设施建设和经济社会发展规划，全省规划建设移民新村 100 个。同时，省财政通过支持移民创业、合作社和龙头企业带动等方式，加快移民产业发展。

为提高后期扶持资金使用效益，增强扶持实效，云南省在后期扶持工作中，大胆探索、不断创新，一些成功的做法得到了国家的肯定和推广。创新移民搬迁安置与后续产业发展协调发展的新路子，积极推行水库移民后期扶持与科研院所的合作机制，与云南省农业科学研究院建立战略合作关系，通过试点示范，探索实施“三江”流域水电移民特色农业产业扶持工作。创新教育培训管理体制，出台《云南省大中型水库移民后期扶持培训资金管理暂行办法》，明确省级

负责移民职业教育管理，州（市）负责劳动力技能培训，县级负责农业实用技能培训的分级管理教育培训体制，通过省、市、县各司其职，为移民搭建智力扶贫平台，实现移民家庭的精准脱贫致富。

（三）落实各方责任，建立协同机制

“美丽家园、小康库区”建设涉及到生活条件、配套设施、人居环境以及社会管理等较多的方面，因此云南省移民工作建立在强有力的政府领导基础上，协调水利、交通、城建、扶贫、民政等相关政府部门和移民管理机构来共同参与，实现了部门之间的分工协作，建立了各部门间的协同机制。同时，云南省通过召开推进会，组织形式多样的学习活动，从而提高认识，统一思想，规避相关部门的“缺位”和“越位”现象。在部门协同机制的作用下，移民管理部门积极主动地与其他相关政府部门协作，加大配套资金、人力等资源的整合力度。根据确定的任务和资金的投入情况，主导或配合其他相关政府部门推进“美丽家园、小康库区”建设的相应工作，实现了较好的效果。

（四）成立云南移民产业投融资有限公司

云南移民产业投融资有限公司（简称“云南移投”）是云南省建设投资控股集团有限公司旗下全资子公司，由省移民开发局履行行业管理职责，省国资委履行出资人职责并统一监管，是国内唯一一个针对移民工作的创新性省级投融资平台。通过搭建投融资平台、建立产业发展基金等形式，充分放大资金撬动效应，促进资本与移民产业深度融合，积极为打造特色旅游城市、特色小镇和农业产业发展等提供项目融资支持。公司于 2017 年 8 月注册成立，本部设在云南昆明，注册资本金 4 亿元人民币。

通过在省级层面组建云南移投公司，为移民安置和产业发展搭建投融资平台，不断提高国有企业资本运作能力和水平，促进资本运作与产业发展良性互动，实现产融结合，共同发展，有利于破解移民搬迁安置中存在的各种突出矛盾和问题，让广大移民群众共享电站建设带来的丰硕成果，确保省委省政府的决策部署、发展理念落到实处，真正实现“搬得出、稳得住、能发展、会致富”的目标①。

① 云南省移民开发局. 2017-5-18. 云南移民产业投融资有限公司组建方案.

案　例

金沙江流域水电站2017年度移民安置工作亮点频出，着重加强能力建设，创新移民工作机制。

一是建立了沟通机制，及时协调解决问题。建立了每月与三峡公司移民工作局、每季度与三峡集团公司高层相互沟通工作情况的工作机制和会商机制，加快对金沙江下游水电移民安置工作中存在问题的协调处置。先后与三峡公司移民工作进行了9次、三峡集团领导2次沟通，有力推进了相关问题的处置。充分发挥各级协调小组的力量，共召开省级、州市、县级协调会议120余次，及时沟通协调解决问题，为各项任务的按期推进创造了条件。

二是创新了移民工作督查机制。在专项督查中邀请了省国土资源厅、林业厅、水利厅等相关厅局参加，既现场督查工作进度，又现场协调指导工作问题，促进了库区各州(市)县(区)移民安置工作的有序实施。

资料来源：蒋琼. 2017-12-21. 金沙江流域水电站2017年度移民安置工作亮点频出.(http://www.ynym.gov.cn/ynymjcms/webview/listd/1/read/287110)

第二节　水库移民后期扶持工作的实践

一、抓好后期扶持项目规划

近年来，云南省委、省政府高度重视移民工作，将落实好大中型水库移民后期扶持政策作为促进大中型水库库区和移民安置区快速发展、促进全省经济社会和谐稳定发展的重要工作，通过广泛宣传后期扶持政策、规范移民直补资金发放、科学编制规划、科学组织实施后扶项目等工作，确保大中型水库移民后期扶持政策不折不扣落实到位，使大中型水库库区和移民安置区不断取得更大的发展。相继完善出台了一系列扶贫攻坚政策文件，如：《云南省人民政府关于进一步做好全省扶贫开发整体推进工作的意见》(云政发〔2014〕42号)、《云南省扶贫安居工程项目管理办法》(云贫开办发〔2014〕233号),另外还进行了一系列创建“美丽家园、小康库区”的研究和项目规划,制定《云南省大中型水库移民后期扶持“十三五”规划》(2016—2020年)。另外云南省还出台了大中型水库移民脱贫攻坚工作实施方案,各州市也纷纷出台了大中型水库移民后期扶持“十三五”规划,为云南省创建“美丽家园、小康库区”梳理了建设标准[①]。

2015年,云南省各州市开展后期扶持“十三五”规划编制工作,确定要从水库移民避险解困工作着手,加快特困移民脱贫致富奔小康步伐;以改善移民生产生活条件为重点,大力开展移民美丽家园建设;以促进移民增收为目的,采取多种措施增加移民收入,使移民收入水平总体达到当地农村居民的平均水平,确保到2020年水库移民与当地居民一道同步实现全面建成小康社会目标。

十二五期间,根据《云南省大中型水库库区和移民安置区基础设施建设和经济发展规划编制工作大纲》(云移扶〔2011〕5号)文件精神,云南省各州市编制了《大中型水库库区和移民安置区基础设施建设和经济发展规划》。规划以村为规划的基本单元,项目涵盖移民新村建设、基本口粮及配套农田水利设施建设、基础设施建设、社会事业、生态及环境、生产开发项目和农业实用技能、就业技能培训及职业教育等方面的内容。据云南省大中型水库移民后期扶持“十三五”规划(2016—2020年)统计,“十二五”期间云南省累计下达大中型水库移民后期扶持项目资金56.14亿元,下达后期扶持项目计划5 064个。其中,下达产业生产开发项目计划699个,下达资金5.29亿元。为11 771名特困移民开展第一批大中型水库移民避险解困试点项目,规划金额4.48亿元,累计到位资金4.9亿元,占规划投资的109.4%,2015年年底前总工程量已完成90%;正在申报的第二批避险解困试点涉及帮扶对象11 307人,试点方案估算总投资4.71亿元。开展“美丽家园·小康库区”移民新村建设,下达省级移民新村建设计划100个、州市81个,受益移民4.7万人、受益群众24万人;开展大中型水库移民后期扶持职业教育招生工作,投入移民职业教育资金2 653.8万元,为1 892名移民学生减免、补助学费、生活费,并发放特困

① 云南省移民开发局,河海大学. 2014-03. 云南省水利水电工程库区和移民安置区创建“美丽家园、小康库区”研究.

补贴，解决移民家庭的后顾之忧，目前第一批招收的移民学生已经毕业；组织17.8万人次参加劳动力技能和农业实用技能培训，实现移民劳动力转移6.4万余人次。后期扶持项目的实施，使全省403.74万人次受益，其中受益移民达54.48万人次。

另外，云南省积极完善后期扶持政策，梳理建设标准。"十二五"期间，省级先后制定出台涉及后期扶持工作的政策办法10项，其中专门规定后期扶持工作的政策办法9项，包括：《云南省移民局关于印发〈云南省大中型水库移民后期扶持项目验收管理办法〉、〈云南省大中型水库移民后期扶持政策实施情况监测评估管理办法〉的通知》（云移局发〔2012〕144号）、《云南省移民局关于进一步加强大中型水库库区和移民安置区扶持项目管理的通知》（云移局发〔2012〕214号）、《云南省财政厅关于印发〈云南省小型水库移民扶助基金征收使用管理办法〉的通知》（云财综〔2014〕9号）、《云南省移民局关于印发〈云南省小型水库移民安置区扶助项目管理办法〉的通知》（云移发〔2014〕110号）、《云南省移民局关于印发〈云南省大中型水库移民避险解困试点实施指导意见〉的通知》（云移发〔2014〕61号）、《云南省移民局关于进一步完善大中型水库移民后期扶持项目省级审查审批工作的通知》（云移发〔2014〕188号）、《云南省财政厅云南省移民局关于印发〈云南省大中型水库移民后期扶持培训资金管理暂行办法〉的通知》（云财企〔2014〕226号）、《云南省移民局关于进一步做好大中型水库移民后期扶持项目计划有关问题的通知》（云移发〔2015〕153号）等。上述后扶政策的制定和实施，使云南省后扶政策体系进一步完善，后期扶持工作更加严谨、规范。

总体而言，通过"十二五"后期扶持规划和两区规划的实施，移民收入持续增加；移民区安全饮水、道路、农田及配套水利等基础设施逐步完善；文化、教育、医疗卫生等社会公共服务能力显著提升；库区生态环境及农村人居环境明显改善；移民综合素质进一步提高；产业转型升级的示范带动作用逐渐发挥。"十二五"后期扶持规划实施期间，库区和移民安置区社会稳定，没有任何信访、上访情况。

二、多方整合资金项目

"美丽家园、小康库区"建设在坚持政府主导，多方筹资的原则下，充分结合各类移民需要解决的实际问题，科学合理地提出规划资金盘子，并依据各地历年后期扶持资金的实际到位情况，提出切实可行的整合资金方案。资金来源主要有：大中型水库移民后期扶持基金(直补)；大中型水库移民后期扶持结余资金；省级大中型水库库区基金；业主配套的库区产业发展资金；社会捐助和企业对口帮扶资金；政府安排的其他资金和基金，包括预算内投资和国债资金、扶贫资金、农业综合开发资金以及政府部门安排的各类建设基金和专项资金。云南省政府采取的资金筹措与整合方式具体有以下几个方面：

① 移民部门积极与其他政府相关部门配合，对项目资金加大整合力度，如沼气工程、造林绿化、农村饮水、农田水利、农村电网改造、扶贫开发、农业综合开发、农村改厕、危房改造等项目资金。

② 移民筹资是“美丽家园、小康库区”建设的一个重要方面，所以移民部门还采取了以奖代补、多建多补，引导激励移民加大资金投入。

③ 由于移民为水利水电工程做出了贡献，业主单位也提供了一定的资金支持。

④ 在建设期间，移民部门积极吸引民营资本、大力引进多元化投资主体，进一步完善政府统一预算，并积极组织财政投入，发挥财政资金的导向作用。

⑤ 政府加强招商引资工作的规划、组织、协调，扩大招商引资①。

⑥ 为筹措资金，争取社会支持，云南省各级政府积极引导工商企业、农民企业家、爱心人士回报社会、回报家乡，积极参与“美丽家园、小康库区”建设。

三、不断完善库区和移民安置基础设施条件

自开展“美丽家园、小康库区”以来，云南省省级共投入后期扶持项目资金55亿元，实施了5 064个扶持项目，强化库区和安置区基础设施配套、移民产业培育两轮驱动，全省移民生产生活条件不断改善，自我发展能力不断增强。以曲靖市为例，该市累计在库区和移民安置区实施道路交通、农田水利、人畜饮水、环境保护、文化教育、医疗卫生等移民扶持项目815个，投入移民资金6.5亿元，累计改造危房1.3万平方米；改善灌溉农田1.2万亩，坡耕地治理6 300亩；修建蓄水池2.1万立方米，安装人畜饮水管道646公里；修建、硬化村庄道

① 云南省移民开发局，河海大学. 2014-03. 云南省水利水电工程库区和移民安置区创建“美丽家园、小康库区”研究.

路 600 公里；新建文化活动用房 2.3 万平方米，改善教学用房 4 000 平方米。通过这些项目的实施，库区和移民安置区基础设施条件明显改善。①

云南省发展民生水利进程加快，积极推进了农村集中供水建设，推进城乡一体化供水水网建设，做到了水利建设资金和项目重点向农村人饮安全、山区"五小水利""爱心水窖"等惠及民生的水利重点领域倾斜，基本解决了国家规划内农村人口和农村学校师生饮水不安全问题。云南省以中低产田地改造、农田水利基本建设和基本农田示范区建设为抓手，完善灌排体系，全面提升耕地质量。推进以通乡柏油路和通村柏油路为重点的农村公路建设，加快了向农民集中居住点、农业园区、农村旅游点延伸，实现 100％的建制村通硬化路面。加强了农村公交客运站建设，优化公交线路网络布局，确保"路、站、运、管、安"五位一体协调发展。建成了安全可靠、节能环保、技术先进、管理规范的新型农村电网，实现城乡各类用电同网同价。美丽乡村示范点村村有安全饮用水，通电、通路，广电网、电信网、互联网通村到户。具体来说，云南省的基础设施完善在以下几个方面成绩显著：

（1）危房改造

危房改造项目关注移民的居住安全。云南省根据实际情况，通过将危房分为迁建和就地改造两种类型，采取不同的处理方法，基本解决了库区和移民安置区的住房安全问题，部分危房改造如图 3-3 所示。

① 危房迁建住房项目。该项目针对按照相关标准已经无法居住的危房，对这类危房，将采取迁建的方式。与就地改造相比，迁建在手续办理上更繁琐，投入也更多。

② 农村居民地震安全工程项目。该项目考虑到云南山地地形，地震多发，通过对移民房屋加固、对已知地质灾害地段的库岸防护工程扩建和加固以及购置地质灾害监测设备等方式，有效提升居住安全性。

③ 危房就地改造项目。该项目对危房采取加固、修缮等方式，以降低危房等级②。

---

① 曲靖市移民开发局局长董宝才. 2016. 以民生为抓手以落实为目标—曲靖市移民开发局后扶产业发展综述. 云南移民电子杂志. 16(4)：30-32.

② 云南省移民开发局，河海大学. 2014-03. 云南省水利水电工程库区和移民安置区创建"美丽家园、小康库区"研究.

（2）饮水安全

根据云南省的水资源情况，饮水安全方面存在的问题主要是部分村组尚未使用自来水，特别是少数移民安置区还饮用着井水；部分村组自来水管网安装年代久远，水管破损、漏水现象严重，饮水质量安全得不到保证。

针对这些问题，云南省对尚未使用自来水的村、组，实施自来水管网安装，实现移民群众饮水安全；在有条件的村、村实施自来水管网改造和供排水工程，不断改善移民群众生产、生活饮用水质量。如："十三五"期间玉溪市实施大中型水库移民后期扶持规划饮水安全项目 19 项，共投资 1 812 万元①。另外，政府还从三个方面保障移民饮水安全：一是强化水源保护，开展饮用水水源保护区规范化建设，设立水源保护区地理界标和警示标志，推进移民安置区水源环境监管及综合整治。二是规范水质净化处理，自来水厂必须按照水质净化工艺要求，安装过滤、消毒设备，并保证正常运行，并要求水厂加强技术攻关，探索更加经济、适用、简便、有效的水质处理工艺和技术。三是加强水质监管，移民村组和移民安置区所在县级人民政府确保区域内饮水安全水质检测职责落实，进行饮水安全水质检测工作，环保部门对供水水源地水质进行监测，卫生计生部门对饮水安全工程卫生学评价，定期监测出厂水和末梢水的水质情况，水利部门对水厂供水水质巡回检测。

（3）道路项目

目前，云南省大部分移民村进村主干道、村内道路得到了修建，给库区和移民安置区群众和村民出行、生产生活带来了极大方便，为库区及移民安置区经济建设的发展做出了贡献。但仍还存在部分交通不畅，硬化不足的情况，因此，"美丽家园、小康库区"建设加快进行了乡村道路建设和旧村改造，完善库区和移民安置区的村庄道路建设，解决了村组内外的交通畅通、道路硬化及帮助移民加快产业发展等问题，有效的改善移民群众出行方便，提高生产生活质量，促进农村生产发展，加快农村信息传播和对外交流，改变传统的生产生活方式和思想观念，激发农民自力更生、奋发图强的进取精神，促进"乡风文明"，加快农村城镇化进程。此外，云南省各州市在规划上持续加大投入，加快了库区和移

① 玉溪市人民政府.2017-05.玉溪市大中型水库移民后期扶持"十三五"规划.

民安置区的村庄道路建设步伐，提高移民村组道路硬化率，为移民产业发展打下了坚实的基础。比如“十三五”期间玉溪市大中型水库移民后期扶持规划道路项目 76 项，计划投资 3 543 万元。部分道路改造样貌如下图 3-1 所示。

图 3-1　改造之前和改造之后的进村道路对比

(4) 供电项目

云南省部分库区和移民安置区的供电线路老化严重，容易引起火灾和短路，对人民的生命财产带来安全隐患。针对这些问题，云南省对库区和移民安置区实施老化电路改造，解决移民用电问题，保证人民生命财产的安全。并在“十三五”规划期间加大投入，加快库区和移民安置区的老化电路改造，为移民产业发展打下坚实的基础。“十三五”期间玉溪市大中型水库移民后期扶持规划供电项目 1 项，计划投资 42 万元，其中：移民专项资金 30 万元，自筹资金 12 万元。通过供电项目规划的实施，解决部分库区和移民安置区供电线路老化、生产生活用电存在安全隐患的问题，保证了人民生命财产的安全①。

几年来，云南省集中力量、加大投入、奋力攻坚，努力推进库区经济社会又好又快发展，不断改善移民生产生活条件。“十二五”期间，云南省累计下达各项大中型水库移民后期扶持资金 72.87 亿元，其中拨付后期扶持直补资金 16.73 亿元，下达后期扶持项目资金 56.14 亿元。“十二五”期间后期扶持项目的实施，解决了 3 722 个移民村组的安全饮水问题；改善 8 187 个移民村组的道路交通状况；建立了 798 个移民文化活动场所，改善交通道路 14 453.5 千米，土

① 玉溪市人民政府. 2017-05. 玉溪市大中型水库移民后期扶持“十三五”规划

地开发 26 564 亩，改善住房面积 66.5 万平方米。后期扶持工作的开展，全省大中型水库移民居住环境条件普遍明显改观，移民村村容村貌和基础设施条件有效改善，库区和移民安置区基础设施建设和经济发展效果良好，社会总体和谐稳定①。

案 例

据文山州移民调查统计，移民的人均纯收入明显提高，由 2010 年的 2 782.57 元，预计增长到 2015 年的 5 544.14 元。2015 年移民的生活条件的明显改善，其中，道路硬化率达到 83.59%；用电保障率达到了 99.43%；农网改造率均达到 99.29%；85.49%的移民村组基本解决了人畜饮水问题，还有 14.51%的移民村组还存在饮水困难；适龄儿童入学率达到 99.58%；新建文化活动室 66 个，共计 2 187.8 m^2；新建卫生室 30 个；广播电视普及率达到 88.71%。移民的居住条件明显改善，移民人均建筑面积由 2010 年 222.98 m^2 提高到 2015 年的 279.54 m^2，砖混结构房屋比例由 2010 年的 21.19%，提高到 2015 年的 54.96%；满足抗震要求的房屋占比由 2010 年的 40.53%，提高到 2015 年 67.46%。农田水利设施配套率由 2010 年的 24.02%，提高到 2015 年的 39.06%。

资料来源：文山州移民开发局. 2015-12. 云南省文山壮族苗族自治州大中型水库移民后期扶持“十三五”规划（2016—2020 年）。

四、大力发展库区产业

2013 年，云南省委省政府出台的“产业建设年”三年行动计划，按照“立足一产、融入二产、连接三产”的要求，紧紧围绕“以市场为导向、以科技为支撑、以移民为动力、以致富为目的”的思路，创造性提出“搬得出、稳得住、能发展、会致富”的移民工作新目标，有效调动政府“能发展”的帮扶职能与移民“会致富”的自主发展意愿。积极探索和推行水库移民后期扶持与科研院所的合作机制，与云南省农业科学研究院建立战略合作关系，启动“三江”流域水电移民特色农业

① 云南省移民开发局. 2017-03. 云南省大中型水库移民后期扶持“十三五”规划（2016—2020 年）

产业发展规划编制工作。以乌东德水电站移民产业发展为试点，在禄劝、元谋、武定等地开展省级移民产业示范试点建设，探索创新移民安置工作与后续产业发展有效衔接、统筹推进的新路子。

云南省大中型水库库区和移民安置区按发展现代农业要求，规模化标准化生产，优化产业结构，合理调节生产季节。由于大部分农业项目属劳动密集型产业，直接创造了多个就业岗位，增加了移民群众劳动收入。另外，云南省还围绕提高农业综合生产能力，推进高标准农田建设、实施中低产田改造，加快项目区农业科技创新，不断改善农业生态环境，推动农业综合开发品牌建设，建立农产品生产示范基地。按照“产业扶龙头，龙头建基地”的产业开发思路，云南省改善了项目区农业生产条件，并以项目资金为引导，调动企业参与农产品生产基地建设积极性，整合资源，集中投入，加大了对种植基地基础设施投入，做大了基地规模，使农产品生产基地与产业化经营项目配套衔接，相互促进，实现农业增效和农民持续增收。如图 3-2，就是云南省文山州丘北县水库移民后扶产业示范基地。

图 3-2　云南省文山州丘北县水库移民后扶产业示范基地

云南省后期扶持项目的实施，实现种植业面积 20.03 万亩，林果业面积 20.16 万亩；畜牧养殖 10.51 万头，出栏 6.6 万头；家禽养殖 92.27 万只，出笼 48.72 万只；水产养殖 3042 亩，产量 6.36 万吨。全省各地积极创新产业扶持的方式方法，探索出“公司＋基地＋移民户”“集体＋合作社＋农户”“招商引资＋统一出租＋移民用工”等发展模式和以奖代补、贴息贷款、移民培训等扶持方式，对移民的产业发展进行了有效扶持。2015年，全省大中型水库农村移民人均纯收入约为5 820元，较2010年的2 708元增加了3 112元，增幅达到115%。

具体来说，云南省主要对基本口粮田及农田水利配套项目、生产开发项目以及劳动力就业技能培训进行规划，从而夯实基础产业，促进移民增收。基本口粮田及农田水利配套项目规划主要包括：土地整理项目、中低产田改造项目和农田水利配套项目；生产开发项目规划主要包括：种植业、养殖业、二三产业和旅游业；劳动力技能培训及职业教育规划包括以增强竞争能力和就业本领为主要内容的劳动力就业技能培训和以提高致富、增收本领为主要内容的农业实用技术培训。

（一）土地整理开发、中低产田改造、农产品生产基地建设

根据云南省各州市制定的“十三五”规划，各市均加大对土地整理开发、中低产田改造、农产品生产基地建设项目，有效促进移民增收。其中，云南省开展的土地整理改善项目有土地整理项目、宅基地复垦项目、复垦废弃土地项目、农用地开发项目以及中低产田改造项目等；水利改善项目有排水灌溉项目、农村水窖项目、防洪项目以及水土保持项目等。

例如，昆明市进行土地整理开发、中低产田改造、其他建设规划项目16个，中低产田改造450亩，项目估算总投资1 345.55万元；农田水利配套设施规划项目50个，新增耕地灌溉面积424亩，项目估算总投资3 835.38万元，其中：申请地方移民资金5 094.9万元，其他资金86.05万元。玉溪市基本口粮田及水利设施配套建设规划的项目共计17个，总投资1 186万元。

（二）生产开发规划

① 大力发展高原特色农业。云南省打响高原特色农业“丰富多样、生态环保、安全优质、四季飘香”四张名片，大力发展生态循环农业，立足保障供给、生态涵养、休闲旅游等功能定位，积极转变了农业发展方式，深入推进现代农业园区、粮食生产功能区建设，发展农业规模化、标准化和产业化经营，推广种养结合等新型农作制度，支持规模化养殖场进行畜禽粪污综合利用，推进技术成果进村入户，主要农产品中有机、绿色及无公害产品种植面积占比大于90%。大力发展乡村生态农业，促进农业清洁化生产。商品有机肥使用量提高到50%以

上，高效低毒低残留农药推广使用面积达90％以上，规模化畜禽养殖排泄物综合利用率达90％以上，农作物秸秆综合利用率达到90％以上。

② 大力发展庄园经济。依托云南省特色、生态优势产业发展，云南省按照“有主体、有基地、有加工、有品牌、有展示、有文化”的“六有”要求，坚持走精品化、有机化发展路子，突出地理标识，加强原产地保护。引导和鼓励了各类经营主体发展各具特色、不同类型、不同规模、不同功能的现代农业庄园，规划建设或改造提升一批集休闲、观光、体验、展示为一体的精品农庄，积极打造在省内外、国内外叫得响的现代庄园品牌。

③ 大力发展乡村生态旅游业。云南省利用农村森林景观、田园风光、山水资源、民族特色和乡村文化，形成了以重点景区为龙头、骨干景点为支撑、“农家乐”休闲旅游为基础的乡村休闲旅游业发展格局。每个美丽乡村示范点发展1个以上带动能力强的农村专业合作组织，培养1名以上农村科技辅导员，家家有科技明白人和增收致富产业，着力打造精品，实现一村一品、一村一特。

④大力发展农产品加工业。云南省加快发展农产品产地初加工，推动农产品加工业向园区和城镇集聚，严格控制污染企业向农村转移。完善农产品加工产业体系，以食品、生物药、生物材料、生物燃料、生物资源等为重点，延长农业产业链，提高农业综合效益，力争农产品加工率达到65％以上。

总之，自开展移民后期扶持工作以来，云南省开发规划了青山林果项目、特色农业项目、水产养殖项目等，以促进移民的生产发展，实现移民增收，效果显著。其中，青山林果项目包括特色水果发展项目、经济林开发项目，天然林保护项目以及林间种植中草药项目；特色农业项目包括大棚蔬菜项目、特色蔬菜项目和特色种植业、养殖业项目；水产养殖业项目包括库汉养鱼项目和网箱养鱼项目等。

（三）劳动力技能培训及职业教育规划

云南省通过后期扶持项目切实对移民群众开展农村实用技术推广和技能培训，使移民劳动力掌握1～2门实用技术。在“十二五”规划期间，各县市移民局注重典型示范的重要作用，扶持建立实用技术示范推广基地、样板基地和扶持示范户，以典型示范带动重点突破。加大对移民劳动力转移就业培训，积极开展针对移民转移劳动力的继续教育和职业培训。鼓励企业以“工学结合、半工半读”等形式对吸纳的劳动者开展岗前培训，加强转岗转业培训，稳定就业。

通过开展移民农业实用技术培训、就业技能培训和职业教育，提高移民务农技能和科技素质，提升移民整体素质和就业能力，使库区和移民安置区移民群众基本生活有保障、劳动就业有着落、脱贫致富有盼头，同心同德建设和谐稳定的新库区。

五、不断提升移民科技文化素质

对于云南省新建水利水电工程来说，科教文卫设施及服务配置方面主要反映了“平均受教育年限”、“高中毛入学率”和“千人医护人员数量”等指标。对于这些“美丽家园、小康库区”指标的建设，云南省通过借鉴已建及在建水利水电工程“美丽家园、小康库区”建设方案中的“社会发展强基工程”来实现。围绕科教文卫四个方面的设施与服务配置工作，云南省主要通过“文化大院”项目、教育强化项目和医疗卫生保障项目三个方面来展开。具体来说，移民安置点“文化大院”项目主要通过农村书屋项目、文化休闲广场项目、文化站加强项目等实施，教育强化项目则主要包括校舍达标项目、高中入学率提升项目和移民子女考大学奖励项目等推动举措。

截至 2016 年 1 月，云南省建设了 100 个省级移民新村、798 个移民文化活动场所，带动州市投建移民新村 71 个，全省 49 个移民新村被评为文明村，其中 3 个被评为全国文明村，移民新村已成为当地新农村建设的示范标杆；组织中短期移民培训累计 17.8 万人次，与省内 10 所职业教育院校开展合作，招收移民学生 2147 人，目前在校移民学生 1360 人，第一批毕业生已实现了良好就业[①]。

案　例

2012 年，云南省移民局在后期扶持工作中，积极探索，先行先试，率先开展了大中型水库移民后期扶持职业教育招生工作。经过 3 年多的实践，摸索出了“政府组织、学校教育、学生受益”三位一体的移民子女职业教育

① 云南先锋网，2016 年全省移民工作会议强调贯彻落实五大发展理念推动移民工作创新发展，2016-03-15，http://ylxf.yn.gov.cn/Html/News/2016/3/15/143146.html

后期扶持模式。这些来到中职学校继续学习的移民子女，毕业后，基本摆脱了贫困，有的成了茶艺师，有的成为公司的技术骨干……这一模式有效解决了库区移民群众最关心、最迫切、最直接的子女教育和就业问题，创新了后期扶持工作和职业教育的机制。

云南省移民局与委培学校签订了协议，对移民学生实行学费、住宿费全免，在校学习期间每月补助基本生活费 300 元，并设立家庭经济困难移民学生补贴制度和品学兼优移民学生奖学金制度，经费从大中型水库移民后期扶持专项资金中统筹安排解决。

家住禄劝县撒营盘撒冲村委会十组的刘贵春一家就是这一移民惠民政策的受益者。刘贵春告诉记者，家里两个女儿都在上学，为了供孩子们上学已欠下 6 万多元外债。小女儿初中毕业时已无力再供她读书，恰好赶上了移民后期扶持中等职业教育政策，可免学费、住宿费还有补助。如今，在云南工艺美术学校读“学前教育”专业的小女儿黄世钰已进入实习期，不久的将来就可挣钱养家了。

试点联合办学初获成功，报名的移民学生也在不断增加。在云南省移民开发局和省招生考试院的积极协调下，新的移民职业教育招生学校不断增加，所学专业全面开放。到 2015 年，招生学校已扩大到 10 所，除中职学校外还有大专职业院校，目前累计招收培养移民学生 2 147 名，在校学生 1 785 名。

对移民群众进行生产技能的培训，特别是对移民下一代子女职业教育的扶持，逐步改变了移民群众以往落后的思想观念，增强了他们的生产技能和就业创业能力，促使移民群众从被动的“等、靠、要”变为主动的勤劳致富，从而找到了一条“授移民以鱼，不如授移民以渔”的长效后期扶持路径。

资料来源：云南日报. 2015-12-29. 智力扶持点燃移民孩子梦想(http://media.china.com.cn/qycm/2015-12-29/594008.html)

第三节 大中型水库移民脱贫攻坚工作的实践

一、准确核定帮扶对象

按照《水利部移民局关于印发大中型水库移民避险解困省级试点方案编制工作大纲(试行)的通知》(移后扶〔2013〕46 号)要求,云南省以各县移民主管部门为主体,全面梳理、筛选县内需要帮扶的三类移民户(山洪等地质灾害易发区、水上漂、生活条件恶劣),通过入户调查登记帮扶对象的姓名、性别、与户主关系、身份证号码、人均纯收入和耕地面积、住房情况、存在特殊困难问题、所属水库名称和开工时间等情况,以准确核定帮扶对象。另外还要求调查工作留下相关影像资料,做到公正、公开。

云南省要求对居住在山洪地质灾害易发区域的移民,由当地国土部门出具地质灾害隐患点鉴定文件;对纳入最低生活保障政策的移民,由民政部门出具证明材料。帮扶对象名单及有关情况的公示与汇总,按照"公开、公平、公正"的原则,在自然村进行公示,接受群众监督,公示程序由各地根据实际情况自行制定。公示无异议,经审核通过后纳入试点范围。

人口核定登记工作是水库移民后期扶持工作的重要前提和基本依据,确定后期扶持方式是后期扶持工作顺利开展的关键环节。为把国家的惠民政策不折不扣地落实到移民手中,使移民得到最大实惠,几年来云南省着重抓了三个方面工作。

一是在人口核定登记工作中,按照"不重、不漏、不错"的总要求,严格登记条件和依据,据实登记,并加强督导督察。

二是在人口扶持方式确定上,按照"一个尽量"的要求千方百计地核定到人,实在无法核定到人的才用"两个可以"。通过几年的艰苦努力,扎实稳步推进政策实施,人口核定和资金兑现取得了显著成效,大量缺口指标通过做工作已基本解决,人口管理和资金兑现步入正常化。

三是加强后期扶持人口动态管理,严格按照国家政策规定,定期开展核增核减工作,较为准确掌握全省后期扶持人口动态情况。扶持资金都按一人一折或一户一折的方式通过银行直接兑现到移民手中，从而保障了移民利益，基本做到了资金的安全规范运行。

云南省除后期扶持核定的人口以外，截至 2016 年 1 月，云南省第一批大中型水库移民避险解困试点共涉及帮扶对象 11 780 人，占规划人数 11 110 人的 106%；签订安置协议 12 160 人，占规划人数的 109%；完成搬迁安置 10 626 人，占规划人数 96%；完成旧房拆除 1 516 户 6 055 人，除了楚雄市和永仁县尚未开始拆除旧房、会泽县部分帮扶对象原住房留作生产用房之外，其他地区旧房已全部拆除；完成三通一平安置点 44 个，占规划建设安置点的 100%；完成征地拆迁安置点 43 个，占规划的 98%；完成配套建设安置点 18 个；完成住房建设面积 349 097.83 平方米，占规划面积的 90%①。第二批避险解困试点项目涉及昭通市昭阳区等 6 个州(市)的 6 个县(市、区)，帮扶对象共计 2 834 户 11 307 人，试点方案估算总投资 47 101.07 万元。目前，第二批大中型水库移民避险解困试点方案已获批复，中央补助资金 22 614 万元和省级配套资金 18 092 万元已经下达，已进入实施规划审查。第三批避险解困试点申报工作已经启动，下一步将按照国家四部委办《关于切实做好水库移民脱贫攻坚工作的指导意见》精神，结合《云南省贫困县分年度脱贫摘帽计划》，做好第三批试点地区的筛选工作。

二、科学制定移民搬迁方案

云南省切实根据地方资源环境，人文环境，经济发展等实际状况，充分考虑了利于生产、方便生活、保护生态等因素，广泛听取了移民的意见，尊重少数民族的生产、生活方式和民风习俗。对淹没线以上受影响范围内因水库蓄水造成的居民生产、生活困难问题，如库区乡村公路改复建，将因水库蓄水影响的坍塌、滑坡等纳入移民安置规划，妥善处理；对影响较大的非搬迁就地恢复生产安置的移民村组，规划对其基础设施和公共服务设施进行改造和配套设施建设。

由于小型水利水电工程移民一般都在一个乡镇范围内，移民安置后既没有后期直补费，又不能实施逐年补偿安置等原因，移民安置以乡(镇)内分散农业安置、农业小集中安置、自行安置(货币安置、第三产业安置、投亲靠友)方式为

---

① 张登亮. 贯彻落实五大发展理念推动移民工作创新发展. 云南移民电子杂志. 2016,16(1):6-11.

主。到乡(镇)以外本县(区)内自行安置的,只要移民自主联系到安置地点,县(区)人民政府应号召有关乡镇,积极帮助落实建房相关手续,户口迁移等问题。

《云南省大中型水库移民避险解困试点方案》对移民的安置方式充分尊重移民意愿,以户为单位签订搬迁安置协议,确定帮扶对象的安置方式和安置地点。安置方式分为进县城安置、乡(镇)安置、中心村寨安置等。安置点选址以异地搬迁为主,结合城镇化发展进程、新农村建设、现代农业建设、工业园区布局和当地实际,按照相对集中的原则,引导帮扶对象进城镇或中心村安置。其中,对文化水平较高,依赖土地程度较低的移民可采取进城安置的方式;对于经济条件较差、适宜于从事农业生产的移民,依照乡镇规划和村庄规划,搬迁到生产生活条件相对较好、环境容量相对充足、基础设施相对完善的地点进行安置,移民原有生产资源权属不变,继续留用;中心村寨安置即在乡镇内居民聚居点、附近中心村集中安置,搬迁移民户原有生产资源权属不变,继续留用。

云南省选择移民安置方式时始终坚持就近宜居,科学制定安置方案。例如,在对红河县规垤海村和普施村的移民进行安置时,红河县考虑到规垤海村和普施村距离宝华乡较远,距离俄垤村委会较近,而移民文化程度、劳动技能偏低,基本排除县城安置及城镇安置方式。根据同地方政府沟通结果,基本确定搬迁方案为在俄垤村委会附近进行中心村寨安置。俄垤村位于俄垤水库西北部,从外貌看,俄垤村地形结构稳定,地貌较为单一,无发育的泥石流沟。根据红河县国土部门出具的地质灾害鉴定意见,俄垤村附近区域的地质条件基本满足建房要求。另外,由于俄垤村与规垤海村、普施村距离较近,两村移民可就近进行生产扶持,便于开展后期扶持工作,减少安置阻力,为移民脱贫脱困提供了良好基础。因此,红河县规垤海村和普施村在俄垤村进行中心村寨安置,规垤海安置区安置移民 171 户 811 人,普施安置区安置移民 138 户 583 人①。

三、妥善解决帮扶对象的发展问题

云南省高度重视帮扶对象规划的编制工作,在深刻认识规划编制工作重要性和必要性的基础上,进一步统一思想、加强领导、周密部署、精心组织,稳步推

① 云南省移民开发局.《云南省大中型水库移民避险解困试点方案》,2015 年.

进大中型水库移民后期扶持“十三五”规划、异地搬迁扶贫规划等编制工作。云南省在充分结合云南省各库区和移民安置区的发展实际，全面系统、科学合理地编制了大中型水库移民后期扶持“十三五”规划、大中型水库移民避险解困试点方案、异地搬迁扶贫规划等，以切实达到移民增收和长远发展的目标。

例如，在安置乌东德水电站移民时，云南省为稳步推进乌东德水电站移民安置工作并使安置区尽早达到云南省大中型水库库区和安置区移民“搬得出、稳得住、能发展、可致富”目标。根据《云南省人民政府办公厅关于印发加快推进金沙江乌东德白鹤滩水电站移民安置工作任务分解的通知》（云政办函〔2016〕216号），云南省移民局牵头，会同省农业厅、省农科院、昆明市人民政府、楚雄州人民政府等部门，在深入调研的基础上，组织编制了《乌东德电站移民安置区产业（农业）发展规划》。

云南省对各安置点安置人口及耕地配置情况、地理位置及气候特征、经济发展情况和农业产业发展情况等进行了全面分析，并全面评价区位优势和劣势、区域发展机遇和市场环境机遇，因地制宜地做出了各安置点产业发展规划。例如，规划确定元谋县启宪移民安置点的建设重点是，把“农”产业作为基础，重点打造建设以“农”为主题的高原特色生态农业产业基地，建设农产品种养基地，以开发养生养老避寒度假模式、生态观光模式、亲子体验模式、康体运动模式和饮食保健模式等，来延伸“养”、“游”、“健”产业；元谋县瓦渣箐移民安置点的建设重点是，建设标准化生产基地、现代农资体验店和休闲农业等；元谋县甘塘移民安置点的建设重点是，建设标准化生产基地、休闲农业，构建“猪—沼—菜（果）”生态循环农业模式以及建设交易、加工平台等。[①]

第四节　全面建设“美丽家园、小康库区”的典型模式

一、同步推进移民安置与后续产业发展模式

移民搬迁安置与后续产业发展同步推进，即在移民安置区建设的同时同步

① 云南省移民开发局．乌东德水电站库区和移民安置区产业（农业）发展规划，2016年．

规划、同步建设安置区的后续产业发展,使得安置区建设与后续发展实现无缝对接。具体做法一般包括:

(一)移民搬迁安置与后续产业发展的同步推进

云南省坚持后续产业发展与安置区建设同步规划、同步建设,依托安置区的优势资源,由各县市区政府引导发展特色产业,鼓励、支持搬迁群众开展设施农业、养殖业、种植业规模化经营,促进搬迁群众融入安置区农业产业发展。同时,云南省设立了易地搬迁产业发展扶持资金,加大安置区的产业发展资金扶持力度,促进整村推进、片区开发、劳动力培训转移、教育扶贫等开发项目和各类扶贫资金优先向安置地区倾斜。

(二)移民搬迁安置与就业创业扶持政策的同步推进

在搬迁安置移民的同时,云南省鼓励特色农业、旅游开发等产业项目的就业岗位向搬迁群众倾斜,建立农村就业困难家庭就业援助制度,结合扶贫开发、新农村建设、抢险救灾等工作,探索政府购买岗位、帮助农村就业困难家庭就业的新机制。同时,鼓励和引导符合条件的搬迁贫困人口自主创业,创业人员优先享受当地创业优惠政策,允许申请就业小额担保贷款由财政全额贴息。

(三)移民搬迁安置与公共服务及社保政策的同步推进

云南省坚持以新型城镇化促进安置区公共服务均等化,县、乡两级政府负责做好基础设施和公共事业建设,保证通水、通电、通路、通网,让搬迁群众享有便利的基本公共服务。另外,对搬迁对象户籍实行属地管理,减免户籍转换和户口迁移中的各类费用,并切实维护搬迁对象农村土地(林地)承包经营、农村集体经济组织成员、村民自治等基本权益。

截至目前,云南省开展移民搬迁安置与后续产业发展同步推进的主要有乌东德、白鹤滩等水电站。实践证明,云南省移民搬迁安置与后续产业发展同步推进取得了较好的效果。

案　例

云南省保山市不断推进移民后期扶持工作以及产业发展工作,成效明显。为充分利用潞江镇和芒宽乡独特的资源优势和区位优势,促进移民安稳致富,隆阳区移民局积极扶持和引导移民发展火龙果种植,规划项目1 000亩,估算总投资 887.8 万元。目前，在小平田、敢顶 2 个移民安置点种植火龙果 700 多亩，成立了隆阳区沧荣益鸣火龙果种植专业合作社，申报成功“益鸣”商标，“红珍珠”优质火龙果已批量销售，发展前景较好。1 年后达到 1 000 亩，项目建成后，年产量可达 2 000 吨，以目前价格，6 000 元/吨计算，总产值可达 1 200 万/年，每亩收入可达 1.2 万元。

另外，为进一步推进农业产业化经营，形成“一村一品”的发展格局，隆阳区移民局、昌宁县移民局以热带经济作物研究所作为技术支撑，以项目扶持的方式，引导移民发展柠檬种植。目前，在孔雀山、铁厂坡 2 个移民安置点已规划种植柠檬 1 000 亩、在上甸移民安置点规划种植柠檬 3 000 亩，盛产后可达 3 吨/亩，以目前市场价 10 元/公斤计，亩产收入可达 3 万元。目前，保山市移民群众大力发展反季节蔬菜种植、石斛、咖啡、蓝莓、冬桃、葡萄等经济作物种植，从中得到了实惠，增强了发展致富的信心；养殖业，猪、牛、羊、豪猪等规模养殖，类型多样，养殖专业户不断涌现，移民创业致富的路子不断拓宽。

资料来源：保山市人民政府. 2016-12-14. 保山市移民开发局“十二五”工作回顾（www.baoshan.gov.cn/info/egovinfo/zw_nry/79025948-9-30/2016-1214002.htm）

总体来说，云南省在紧抓移民搬迁安置工作时，同步推进后续产业发展，能使移民生计恢复和长远发展有效衔接，避免了产业发展的滞后性和搬迁的盲目性，尽快实现移民搬迁安置工作“搬得出、稳得住、能发展、可致富”的目标。此外，综合分析移民搬迁安置与后续产业发展同步推进的云南模式，不难看出这一模式得以成功实行的前提条件有下列几点：一是搬迁安置工作要结合地区资源优势，依托小城镇、旅游景区、当地企业和产业结构调整契机、创新安置模式，让移民能够在搬迁安置的同时，发现创新事业发展的新路径，比如依托园区景区开展民宿、进当地企业成为产业工人等，以实现搬迁与生计重建的有效衔接。二是在测算迁入地二、三产业的岗位容量和土地流转提供的一产劳动力需求的基础上，落实就业优先，以岗定搬，科学安排搬迁规模。三是在迁入地原来没有产业，移民迁入后要完全重新开始发展时，要求市县基础配套要同步搞、产业扶持要跟上、管理服务要保障，以通过搬迁，达到房产能升值、孩子能上好学校、就近能看病，以保障移民无后顾之忧，还要求政府帮助其培训专业技能和提供部分资金，并能做到“一点一策、一户一法”，对安置点逐点规划，以促进移民因地制宜，结合当地资源创新产业。因此，选择搬迁安置与产业发展同步推进的模式时，要求政府同期既要考虑移民安置问题还要考虑产业发展问题，移民工作难度加大，任务重，同时可能安置的进度会受到影响等。

二、大力发展移民产业模式

（一）云南省大力发展移民产业的各项措施及其实施成效

云南省着力发展的移民产业主要涉及两个方面，即：

① 农业发展方面，主要包括农产品加工升级、特色产业培育、农业产业结构调整、农业技术提高及机械化加强等。云南省依托特色基地，在生产相对集中区，因地制宜发展农产品初级加工及深加工，实现就地增值转化，培育壮大特色农业。云南省实行最严格的耕地保护制度，确保耕地保有量和基本农田面积不减少，大力推广了应用良种及配套农艺技术和小型农业机械，依靠科技提高单产，增加粮食保障能力。同时，云南省积极调整农业产业结构，着力发展适应地方生态的特色产业，按照规模化、标准化、品牌化的要求加快建设了一批特色农业生产基地，巩固发展了糖料蔗、油菜、马铃薯、茶叶、蔬菜、烤烟等传统优势产业，积极发展三七、咖啡、芒果等热带作物产业和桑蚕、油茶、核桃、小桐子等特色农林产业，稳步发展山坡种草养羊、牛等草地生态畜牧业，积极促进农产品就地加工转化，并进一步提高加工质量和卫生水平，增加产品种类，重点增加特色旅游食品、方便食品和保健食品，形成了有多种特色的产业，带动了农业农村经济的发展。另外，云南省积极推进野生动植物的繁育利用，以及推动绿色、有机农产品认证与国家地理保护标志的申请和认证。

② 依托自然环境和民俗文化打造旅游产业。云南省积极打造重点景区和线路，依托区域内多彩民族民俗文化资源和丰富的自然环境资源、红色旅游资源，突出长寿养生和生态休闲特色，大力发展旅游产业；以城市为依托，以交通为纽带，以国家级风景名胜区、森林公园、历史文化名城、少数民族特色村寨等为主体，突出主题旅游，打造精品旅游线路，形成特色品牌，建成重要的喀斯特山水观光、生态休闲、养生度假、民俗体验、边关览胜、红色教育旅游目的地；提升旅游服务能力，加强重点旅游景区内外交通连接，实现精品线路和重点景区

之间高等级公路连接，建设重点景区旅游专用道路和景区大容量停车场，形成便捷、安全的旅游环线①。云南省大力推进移民产业发展，不仅增加了移民的创收渠道，有效提高了移民群众的生活水平，也从根本上解决了移民搬迁安置后的长远生计问题。如图 3-3、图 3-4 所示，得益于政府大力发展移民产业，云南省部分库区移民抓住机遇，开办了生态农家乐与周末垂钓。

图 3-3　移民经营的农家乐

图 3-4　移民经营的休闲鱼塘

① 国务院扶贫开发领导小组办公室，国家发展和改革委员会. 2012-07. 滇桂黔石漠化片区区域发展与扶贫攻坚规划（2011—2020 年）

（二）云南省大力发展移民产业模式的具体做法

云南省大力发展移民产业的具体做法主要是通过增加农业投入促进增收和加强高原特色农业基地建设来实现的。

（1）增加农业投入促移民增收

云南省始终坚持要让移民群众稳得住，关键是移民群众生活质量要提高，只有农业发展了，群众的生活质量提高了，群众才能真正安居乐业。基于这样的认识，各县移民局想方设法全面开展农田水利建设，优化农田水利设施，按照移民安置方案更换了机井机、新修建蓄水池、建设机耕道路、开展耕地整治等，使云南省各移民新村的水利设施条件大为改善，让各移民新村农业快速发展插上了腾飞翅膀。同时，为加大当地群众农业产业化的进程，加快群众的造血功能，促进群众的增收脱贫，云南省各县移民局在加大移民新村农业基础设施投入的同时，加大了群众科学种植的投入力度。另外，为尽快让群众掌握科学种植技术，移民局积极组织了相关的技术培训，协调相关农业种植专家到当地田间地头组织技术培训。

（2）不断加强高原特色农业基地建设

云南省不断夯实粮食生产综合能力，坚持把农田基本建设放在提升粮食生产综合能力的首位，统筹使用涉农各类资金，不断加大投入，集中力量开展中低产田改造、土地平整、农田水利、土壤改良、机耕道路、配套电网林网等建设。同时，不断加快现代畜牧业重点县建设，充分发挥畜禽、山地资源优势，大力发展具有云南特色的山地型畜牧业，积极打造全国重要的生猪生产基地、常绿草地畜牧业基地、特色奶源基地和畜产品加工基地，培育了一批现代畜牧业重点县。另外，云南省积极打造特色产业基地，实施名特优农产品生产基地培育工程，结合美丽乡村建设和扶贫开发攻坚，因地制宜、发挥优势，以示范基地创建为平台、经营主体为主导，推进特色优势产业重点县建设。以做精做优为导向，改造提升烟草、蔗糖、橡胶、茶叶、蚕桑、油料等传统产业，积极发展蔬菜、花卉、水果、咖啡、食用菌、中药材、冬季农业、淡水养殖、木本油料、林下经济、观赏苗木、珍贵用材林等各类特色产业①。

① 云南省人民政府.2015.云南省人民政府办公厅关于加快转变农业发展方式推进高原特色农业现代化的意见（云政发[2015]80号）.

(3) 不断提高移民就业能力

为了更好的解决移民就业问题，提高移民的就业能力，促进移民安稳致富，开展好移民职业教育和技能培训工作是其重要途径和有效措施。近年来，库区各县坚持从市场需要出发、从移民意愿出发，大规模开展养殖、种植等生产发展的基本技能培训，以推进库区移民生产的快速恢复，并促进各项养殖种植产业的发展，为库区现代农业和产业结构调整奠定技术及人才基础，并为当地社会经济整体发展提供必要的技术支持和人才队伍，促进库区及整个社会的发展。培训的内容主要是标准化生产的种养殖技术、农产品初加工技术、法律知识教育以及进城务工的基本劳动技能等为主。

通过培训，移民群众的整体素质将明显提高，自我积累、自我发展、自我服务能力显著增强，就业机会明显增大，将会涌现出一批有文化、有技能、懂经营、会管理的新型农民。

案 例

2014 年，曲靖市深入开展“产业建设年、作风转变年”活动，以转变农业发展方式为主线，以转变农业工作方式为抓手，加快昆曲绿色经济示范带建设，高原特色农业发展成效显著。

在特色经济作物种植上，曲靖市注重发挥优势、立足市场，依托龙头企业，市县联动，加速推进地方个性优势产业发展，促进了特色经济作物扩量、提质和增效。麒麟区、宣威市等承接昆明呈贡等地蔬菜转移发展优势，建设山地蔬菜，培育了茨营镇、热水镇等万亩无公害供港蔬菜基地，亩均产值 5 000 元以上；马龙县、会泽县等开发苹果、软籽石榴等新型果品优化水果结构，马龙县“龙威”“龙嘎”两个苹果新品种在全国早中熟苹果品鉴会获第一、二名，会泽县引进发展“红如意”软籽石榴 1 万亩；沾益县依托博浩生物，以工业原料用花为突破，规模发展万寿菊 2 万亩；陆良县以提升标准化巩固蚕桑产业，蚕茧产量首次突破万吨、达 11 250 吨，成为全省首个万吨蚕茧生产大县；各地以开发区域性资源发展中药材，师宗县规模发展薏仁 4.5 万亩，沾益县整体推进中药材示范县建设；富源县以生物技术创新提升魔芋产业，规模发展种芋、商品芋13万亩。总体来看，各地个性产业集群扩张，做到了一地一特色、一县一产业，2014年，曲靖市建成特色基地490.3万亩，产值可达115亿元，同比增10.4%。

在推进农产品精深加工方面，2014年，曲靖市引进世界500强企业联想控股佳沃集团有限公司投资合作发展蓝莓产业链项目，引进褚橙庄园建设万亩马龙苹果基地，新增规模以上龙头企业19个；采取竞争扶持、动态管理，持续打造10强农产品精深加工企业，扶持建设10个市级精品庄园，政策激励企业投资10.5亿元，带动加工农产品220万t，实现加工产值101亿元、同比增15.3%，农产品销售收入116亿元、税收2.1亿元、出口额1.1亿美元，同比分别增12.9%、10.8%、10.9%。

资料来源：云南日报．2015-02-03．云南曲靖高原特色农业魅力绽放（http://society.yunnan.cn/html/2015-02/03/content_3585351.htm）

（三）大力发展移民产业需要具备的条件

（1）需要有较大投入，组织大规模技术培训

传统农民一般只会种植小米辣、黄瓜、西红柿等蔬菜，为促进农业发展，种植花卉等经济林果作物，必须尽快让群众掌握科学种植技术，移民局需要在资金、技术、人力上的大力支持，积极组织相关的技术培训，协调相关农业种植专家到当地田间地头组织技术培训。种植经济林果、花卉等作物需要在前期投入较多资金，例如需要改善农田水利设施、建盖大棚等。

（2）需要交通发达，便于找到大量产品的销路

一些特色产业，尤其是花卉产业等市场较小，对运输要求高，对于初始发展花卉产业的移民来说，销路并不顺畅，一般需要与产业公司合作，实现产、供销的一条龙管理。例如，建水县勐曼村在县移民局的帮助下，找到了红河州万家鼎农业产业发展有限公司，并加盟该公司，依托建水县移民技术培训基地，成立了云南勐曼农业科技有限公司，形成了“公司＋基地＋农业合作社＋农户”的发展模式，取得了较好的效果，如图3-5所示，建水县南庄镇勐曼村花卉产业就是一个典型。

（四）大力发展移民产业模式面临的主要问题

云南省大力发展移民产业的过程中也存在一些问题：一是对于发展经济林

图 3-5 建水县南庄镇勐曼村花卉产业

果等作物的前期资金投入要求高，而一般移民新村建设项目投资规模都偏小，一些需要建设的内容往往会因投资不足而放弃，对整体建设效果会有一定影响。二是移民新村建设项目在实施农户旧危房拆除重建或改建时由于补助金额偏低，农户参与产业发展的积极性不高。三是可实施产业发展项目的数量远不能满足移民群众的需求，发展产业建设项目是深受广大移民群众欢迎的好项目，大家争相要项目建设，但实施项目的数量远不能满足移民群众的需要。

三、移民新村建设模式

（一）云南省移民新村建设路径

在云南省移民主管部门的大力支持下，云南省各市、县把移民新村建设纳入"十二五"移民发展规划，从2011年开始，云南省各移民村和移民安置区就以发展生产、增加移民收入和治理村庄脏、乱、差为重点，正式启动移民小组新村建设。

为了保持移民新村的新风新貌，云南省各市、县、镇移民主管部门及社区基层干部帮助移民群众制定了一套行之有效的《村规民约》。村规民约主要包括了村庄卫生、庭院卫生、果园卫生的自我管理与维护。移民新村的运转在自主管理逐步形成长效机制以后，就变得更加规范、有序，整个村庄的面貌也因此有了明显改观。云南省移民新村建设工作实施以来，在省、市移民局的关心支持下，各县移民部门精心组织，通过广大移民的共同努力，经过不断建设，大部分移民新村绿树成荫、生态美好、生产发展、生活宽裕、乡风文明、村容整洁、管理民主。

案　例

曼来镇，新村建设和产业发展齐头并进

1982年和1984年建设磨房河水库、街子河水库时，玉溪市元江县曼来移民村经过两次动迁，于1987年搬迁到现在的居住地。搬迁前，农户以种植洋芋、荞子、玉米为主，经济发展滞后，农民人均纯收入仅200元左右。自2011年起，曼来移民村利用新村建设的契机，先后争取投入移民专项资金844万元，整合部门专项资金66万元，撬动民间资金806万元。移民人均纯收入实现了从搬迁前的户均1 000元到现在人均12 000元的山村传奇。

在具体做法上，当地通过编制出台"一方案两规划三布置图"，科学规划移民新村建设；通过实施"四拆一清三建一购"工程，全面开展村庄整治工作；通过创新基层社会管理，完善制度建设，配强村组干部，促成村民健康、文明、和谐的生活方式；通过开展科技培训，发放培训手册，举办文明创建活动，举行技能竞赛，组织移民代表交流学习，发挥典型示范带头作用，推广种植能手经验，形成邻里之间比学赶超的发展热情。

在此基础上，当地依托热区优势，实施产业结构调整，大力发展荔枝、芒果、龙眼等热带水果特色产业种植，并在移民村试点实施移民小额贴息贷款政策，助推移民产业发展。通过在元江县曼来移民新村开展小额贷款试点取得的成功经验，玉溪市研究出台《玉溪市大中型水库移民贴息小额贷款办法》，并在2014年扩大试点范围，发放小额贷款2 604万元，带动其他投资4 500万元，2015年又发放小额贷款3 000万元。曼来镇也成为远近闻名的富裕村、文明村、生态村、示范村，更荣获了"全国文明村"的殊荣。

在移民新村建设中，不仅制定了一套行之有效的《村规民约》，还向广大村民提出"拆临拆违"，并与他们进行沟通协调，之后，大家纷纷积极响应，"拆临拆违"工作开始拉开帷幕。一是拆除村民的私人畜圈，并在离村庄不远的地方建了集体畜棚，实现人畜分离；二是村民庭院里的鸡圈被拆除，改在果树下发展林下养殖；三是拆除各家各户的小厕所，建起了生态公厕，这一拆一建，使得移民新村的卫生环境质量更上了一层楼。如今的移民新村，果树成林、农舍井然，已成为远近闻名的富裕村、文明村、生态村。

每当夜幕降临，村组休闲娱乐场所成了移民群众茶余饭后的最佳休闲好去处，大家载歌载舞，热闹非凡，可想而知，生活在这里的移民群众是多么的幸福、和谐。

资料来源：元江县发展和改革局. 2017-10-20. 元江县建设“美丽家园 小康库区”工作汇报材料

（二）云南省移民新村建设特点

（1）建章立制，村民自治

云南省移民新村建设建管并重，突出抓好后续管理，实施村民自治。云南省坚持国家帮扶与自力更生相结合的原则，在加大国家扶持力度的基础上，运用基层党组织的政治舆论宣传优势，教育引导广大移民群众顾全大局、团结协作、艰苦创业，充分调动和发挥其建设家园、管护家园的积极性和自觉性，如在房屋拆迁、村容村貌整治工作中，通过政策宣传实现了要我拆为我要拆的转变。同时，云南省充分发挥基层党组织的战斗堡垒作用，结合新村建设实际，精心制定了村规民约、新村公约和农村基层组织建设、妇女协会、节水灌溉等一系列行之有效的规章制度，创新制定了“门前三包”和公共区域“三户联包”制度。各县还强化宣传，积极教育引导广大移民群众自觉维护和执行村规民约等一系列规章制度，增强自我管理的主体意识和责任意识，使各项制度家喻户晓，都能落到实处，成为一种常态和自觉行动。此外，云南省积极开展各种创建活动，鼓励移民群众争当“十星级文明户”“五好文明家庭”“标兵户”，充分发挥典型示范带头作用，积极推广种植能手经验。这些机制的建立，既为长效管理奠定了基础，又促进了村民的和睦相处，形成科学、健康、文明和谐的生活方式，自我管理真正让移民跨入文明之村。

（2）打造亮点，示范带动

云南省按照“因地制宜、科学规划、合理布局、适度超前、突出特色”的原则，选择品质优、上档次、移民群众积极性高的水库移民新村作为示范点，在原有的基础上进行重点打造，切实提升示范效果，全面提高移民新村建设水平，探索和建立移民新村示范点建设的长效管理机制。针对云南省移民分散安置、点多面广、发展不均衡等特点，并结合自身资源、交通区位等优势，我们以新村建设为突破口，将新村建设作为云南省移民村组的发展标杆来抓，集中力量打造亮点，使之以点带面，充分发挥示范引领作用，带动全省移民村组快速发展，想方设法让更多移民群众受益。为此，云南省抢抓全省开展创建“美丽家园、小康库区”这一契机，按照“产业发展生态化、民居建设特色化、村庄绿化、道路净化、庭院美化”及移民新村建设“九有”“九无”标准，编制了一系列建设规划。

(3) 规划引领，产业为基

为切实改变移民安置区贫穷落后面貌，云南省科学制定移民后期扶持规划，并先后完成“十一五”“十二五”“十三五”规划的制定和执行。在三个五年规划的基层上，对移民新村建设单独规划，实行规划设计先行并引领项目建设，即在新村建设前，将小组按条件成熟度，高标准单独制定规划，科学有序地处理好建什么、如何建、建成后如何管理等问题。围绕云南省政府“产业富民”和“产业先行”的发展理念，及移民新村逐步探索确立的以芒果、荔枝、龙眼、桃李等高效经济林果为重点的产业发展思路，云南省积极探索，逐步形成以产业发展为导向的项目扶持模式，先后配套多种产业项目，有效破解了制约产业经济发展的难题。

（三）移民新村建设模式的适用条件

(1) 适用于新建或新组合的移民村

在水利水电工程建设中，将两个或两个以上的自然村移民共同搬迁安置到一个移民村或移民安置区，或者有新移民搬迁安置到已有的自然村安置时，由此带来了生活环境、生活方式、生活习惯的不同，使移民产生了严重的不适应时，适合由当地政府在移民村或移民安置区开展社会主义新农村建设，加大移民村的帮扶力度，积极争取项目资金，从改善民生的角度出发，进一步加强了移民村基础设施建设和村庄整治，全面实施农村最低生活保障制度，让农民群众直接感受到社会主义新农村建设给他们生产生活带来的巨大变化。

(2) 适用于矛盾较多的移民村

在移民村，思想动荡、情绪不稳，返迁愿望较强，上访事件时有发生，与周围村寨还不融合，群众矛盾多，工作压力大时，当地政府和有关机构就要立足一个“稳”字，狠抓一个“实”字，大胆工作，开拓创新，多方努力，克服重重困难，积极示范引导，强化帮扶措施，凝聚移民合力，推进移民新村建设。

（四）云南移民新村建设的优势与挑战

（1）云南省移民新村建设的意义

一是有利于为社会主义新农村建设创造良好氛围。各级移民部门和基层政府通过充分利用标语、展板、图片和召开群众会议等形式，大力宣传移民新村建设的目标、任务和意义，让群众能真正意识到自己才是新村建设的主人翁、主力军和受益者；再分别组织居委会领导、村民小组长、相关技术员到典型库区和移民安置区参观学习新经验和先进典型；组织召开移民群众大会，现场研究和规划各组建设内容及场地选址，让群众心中预先就有新村建设的轮廓，有利于为社会主义新农村建设创造一个良好的氛围。

二是有利于调动群众积极性，踊跃参与社会主义新农村建设。前期工作领导重视，宣传到位，工作细致，就能引起广大移民群众积极性高涨，参与主动性强，项目启动实施时，群众自愿挖出、砍掉地里原有的作物、果树等，并会主动参与丈量规划用地，可以极大地支持和助推社会主义新农村建设。

三是有利于整合力量，提高社会主义新农村建设水平。移民新村建设需要多方融资，加大投入，需要政府按照国家投入、群众参与、整合部门资金等形式，拓宽投资渠道，聚合多方力量推进移民新村建设。将移民专项资金主要用于道路、科技活动室、水果交易及活动场地、畜圈、公厕、巷道、水渠等属集体公益事业性质的基础设施建设，整合部门专项资金主要用于球场、健身器材、广播电视信号数字化等设施建设，农民自主投资主要用于旧房改造和生产用房等设施建设，就能有效整合资金，突破资金制约，提高社会主义新农村建设水平。

（2）云南省移民新村建设中的挑战

一是项目需要大量资金不断投入，要有系统完善的管理制度，但后期常常出现管理维护经费欠缺。例如，云南省 2011 年启动实施的部分移民新村建设项目，由小项目、分年度项目构成，项目多而小，如今经过 5 到 6 年运行使用出现了残损，但村集体缺少维护经费，部分项目的作用发挥受到影响。

二是群众对义务工作制度出现厌烦情绪。云南省当前使用的“村规民约”全部依赖自主管理，依靠移民群众义务工完成。长期执行义务工制度导致部分群众出现厌烦、消极对待的情绪，对村集体组织的公益活动出工不出力，行动拖沓迟缓，制约新村管理的有序，高效推进。

三是自主管理缺少必要的评价机制和惩戒措施。根据云南省移民新村建设模式已经建成的部分移民新村，在自主管理过程中，做与不做，好与不好，多年来主要依靠当地的党委政府、移民主管部门口头表扬和批评，没有一个更为行之有效的评价机制和惩戒措施，事实上形成了好与不好一个样，做与不做一个样，被表扬与被批评一个样的现状。多年消磨下来，仅仅靠口号已经起不到鼓励和鞭策的作用，自然形成村组之间，村民之间的消极对比。

四、多方整合资金模式

多方整合资金模式是指，为有效缓解项目建设资金不足的瓶颈问题，在项目实施中，积极整合地方政府用于地方发展的资金或不同部门用于项目建设的资金，通常涉及的部门主要有发改、财政、扶贫、国土、交通水利、电力等。目前云南保山市龙陵县、普洱市澜沧县、曲靖市麒麟区和文山州马关县等采取了多方资金整合的模式。

（一）云南省合力攻坚，多方整合资金的措施与成效

（1）整合各部门项目资金，形成合力

云南省移民局积极整合发改、财政、国土、水利、电力、农业、通讯、文旅广体等部门项目资金，各司其职，各负其责，密切协作，形成合力。例如，元江县菁门口、石脚地、马鹿洞、桥边四个移民新村建设共整合广电、财政资金240万元、文旅广体资金300万元、电力设施建设项目资金36万元等[①]。

（2）充分发挥移民贴息小额贷款作用

云南省为促进"美丽家园、小康库区"建设，充分发挥了移民贴息小额贷款作用，其中玉溪市小额贷款项目效果最佳。玉溪市为贯彻省委、省政府"美丽家园、小康库区"的行动要求，多方整合资金，积极稳妥推进玉溪市移民新村建设，玉溪市移民局印发了《玉溪市大中型水库移民贴息小额贷款办法》。移民贴息小额贷款优先保障移民新村建设和市委、市政府推进"美丽家园"行动试点村组中的移民户发展种植业、养殖业、加工业及农副产品营销等方面的生产经营周转资金或改善生活条件进行的建房、房屋装修等消费方面的资金需求。采取贷

① 元江县发展和改革局.2017-10-20.元江县建设"美丽家园、小康库区"工作汇报材料.

款移民按要求自行偿还完本金并支付利息后，凭利息支付单据到县（区）移民管理部门报账的方式进行。移民贴息小额贷款具体采取"移民户申请、乡镇初审、县区审定、市级核准、直补到户"的方式，每户符合条件的移民家庭贷款额度为10万元以内（包含10万元）。贷款用途为生产经营周转资金，贷款期限不超过2年；贷款用途为安居房建设，贷款期限不超过3年。移民贴息小额贷款利率按市移民局与市农村信用社商定执行，逾期贷款执行逾期和罚息利率。贴息额度及贴息比例按市移民局研究决定执行。例如元江县通过抢抓移民小额贴息贷款政策机遇，率先在四个移民小组试点实施，为产业发展提供了资金保障。2012至2014年，四个小组共办理移民小额贴息贷款167户735万元，为移民贴息资金120万元，有力地助推了产业发展和新村建设。

（3）提高区域内全部销售电量的电价筹集

小型水库移民安置区扶助资金，通过提高本区域内全部销售电量（扣除农业生产用电）的电价筹集，征收标准为每千瓦时0.5厘。所筹集资金85%用于实施项目扶持，15%用于应急处置（实施抗旱救灾等应急项目及相关工作经费）[①]。

案　例

云南移民产业投融资有限公司（简称"云南移投"）是云南省建设投资控股集团有限公司旗下全资子公司，由云南省移民局履行行业管理职责，省国资委履行出资人职责并统一监管，是国内唯一一个针对移民工作的创新性省级投融资平台。通过搭建投融资平台、建立产业发展基金等形式，充分放大资金撬动效应，促进资本与移民产业深度融合，积极为打造特色旅游城市、特色小镇和农业产业发展等提供项目融资支持。公司于2017年8月注册成立，总部设在云南昆明，注册资本金4亿元人民币。

公司经营范围：移民安置工程建设，按照国家相关法律法规，对承担的移民安置规划范围内的项目参与建设管理；产业培育和管理，以公司为依托，争取相关各方支持，合作建立移民产业发展基金，扶持库区和移民安置

① 玉溪市移民开发局.2016.玉溪市移民开发局制度汇编.云南：玉溪市移民开发局，444-445

区重点产业发展，拓宽移民增收渠道；项目投融资，充分利用金融市场、资本市场进行多元化融资，为移民产业发展、移民安置项目提质增效。

公司运作思路：一是云南移投公司负责搭建投融资平台、建立产业发展基金等，积极为打造精品旅游县城、特色小镇和农业产业发展等提供项目投融资支持。二是实施“县为主体”的管理要求。三是叠加政策优势打造精品旅游县城和特色小镇。四是搭建投融资平台解决移民产业发展资金缺口问题。

云南移投公司主要任务：一是参与移民安置工程建设管理。按照国家相关法律法规，对承担的移民安置规划范围内的项目参与建设管理；二是项目投融资管理。根据移民安置规划，结合县区规划要求，充分发挥云南建投集团的融资优势、资信优势、实力优势，参与基础设施、公共事业项目投融资工作，为打造特色小镇和特色旅游城市提供融资支持；三是新兴产业培育和管理。以市场为导向，积极培育新兴产业，以“投、融、建、管、营”方式，对新兴产业进行投资建设管理，扩大移民产业投融资规模，促进库区经济和可持续发展。未来，云南移投公司将把白鹤滩水电站移民工作作为起点，依托云南建投集团投融资及工程总承包优势，努力将公司建设成为服务全省移民工作的重要投融资平台。

资料来源：和丽英. 2017-09-28. 首开我国移民产业领域先河——云南移民产业投融资有限公司成立(http://www.ynjstzkg.com/index.php? m=content&c=index&a=show&catid=9&id)

（二）云南省合力攻坚，多方整合资金的特点

(1) 政府主导，多方筹资

“美丽家园、小康库区”建设在坚持政府主导，多方筹资的原则下，加大涉农资金的争取和整合力度，为其提供资金保障。云南省对于财政配套资金坚决落实到位，移民部门积极与其他政府相关部门配合，对于项目资金加大整合力度，如沼气工程、造林绿化、农村饮水、农田水利、农村电网改造、扶贫开发、农业综合开发、农村改厕、危房改造等项目资金。云南省采取以奖代补、多建多补，引导激励移民加大资金投入。同时，积极吸引民营资本、人力引进多元化投资主体，进一步完善政府统一预算，积极组织财政投入，发挥财政资金的导向作用。

此外，加强了招商引资工作的规划、组织、协调，扩大招商引资。争取社会支持也是资金筹措的一个重要方面，云南省引导工商企业、农民企业家、爱心人士回报社会、回报家乡，积极参与"美丽家园、小康库区"建设。

(2) 建立财政专项扶贫资金稳定增长机制

云南省移民后期扶持资金来源包括财政专项资金、银行贷款和群众自筹。通过对资金整合，使各路资金形成合力，达到"各炒一盘菜、共办一桌席"的效果。为了解决"钱从哪里来"的问题，云南省建立财政专项扶贫资金稳定增长机制，省财政每年安排的专项扶贫资金，不低于中央财政投入云南省专项扶贫资金的30%，未来三年，将通过整合财政资金、撬动政策性贷款、农户和社会筹措等渠道，筹措资金800多亿元。农发行、国开行将有227.5亿元政策性贷款到达，将有效支持云南易地扶贫搬迁工作的顺利实施。

(3) 云南省多项措施整合财政支农资金

一是在涉农资金预算编制过程中，积极与涉农部门沟通，在资金分配中，对部分项目资金进行整合。二是云南省各乡(镇)财政部门从项目的规划、申报、初审及预算编制源头进行整合，编制资金整合规划，对支农重点项目整合进行探索和尝试。三是以扶贫重点村建设、农业综合开发中低产田改造等重点支农项目为平台，将各渠道安排下达的资金，按照规划、项目和实施区域集中安排、捆绑使用、保证重点，把支农资金投放到最急需的地方。并且在项目计划编制中，确保资金整合的渠道、名称、规模、数量明确详实，一目了然；资金用途具体、明确，做到"以整合资金支持支农项目建设，以支农项目建设促进资金整合"，有效促进了农业转型升级。①

(三) 云南省多方整合资金模式还存在的问题

(1) 财政整合资金总量偏小

由于县域经济发展不够，向上争取的项目个数还不算多，项目资金量小。而"美丽家园、小康库区"建设需要财政投入大量的资金，目前地方财力比较吃紧，整合起来的项目资金量偏小，只能起到引导带动作用，离试验区建设要求差之甚远。财力不足导致试验区建设推进速度缓慢。争取来的项目在实施过程

① 中华人民共和国财政部. 2015-01-26. 云南省保山市龙陵县多项措施整合财政支农资金 http://www.chinaacc.com/news/caijing/zh1501269138.shtml

当中由于配套资金不能跟上，导致项目建设的质量不能完全按照要求完成，亮点工程形成不了亮点。

（2）资金分配落实较难把握

整合资金数额有限，对项目建设只是起到一定的补助作用，如何将有限的资金发挥最大的效益，使整合资金起“四两拨千斤”的作用，是云南省分配落实资金的关键点，怎么补，补助的对象、补助的环节、补助的标准等值得进一步研究。

（3）整合资金的操作性不强

目前，许多所涉资金以“条条”管理为主，已经形成固化的部门利益，主管部门在安排资金时从部门角度考虑的多；以县为单位进行整合，但怎样整合，还没有一个可供操作的具体的办法，缺乏制度保障，造成“资金下达渠道不变，部门管理权限不变”，难以真正捆绑起来使用。

（4）资金整合制度不够健全

各种专项资金管理的制度都是上级部门制定的，县级部门无权修改，旧制度与整合工作存在一定的矛盾。同时，还没有一个具体的资金整合管理办法，下级部门缺乏指导性、操作性，还没有使资金整合形成规范的管理制度，难以避免随意性，从而导致各自为政的现象。

五、避险减困成效与模式

国家开展大中型水库移民避险解困试点工作，目的在于利用后期扶持项目资金的杠杆作用，带动整合各方资源，着力解决水库移民居住不安全、生存环境恶劣、生活贫困等特殊困难问题。其基本理念为“保安全、保基本”，即把保障移民生命财产安全放在第一位，通过搬迁安置，使移民拥有基本的安全居住条件和必要的公共设施，同时统筹考虑移民长远发展问题。

避险解困的试点对象为已纳入大中型水库移民后期扶持范围且生产生活存在特殊困难问题的农村移民，包括居住在山洪地质灾害易发区域，生命财产安全受到严重威胁，经国土资源或水利部门鉴定必须搬迁的农村移民；或者长期居住在船上，生产生活方式以“水上漂”为主的农村移民；以及生存条件恶劣，生活贫困，不搬迁难以摆脱困境的农村移民。上述人群中，优先考虑人均纯收入在当地农村居民最低生活保障线以下的移民。

2014 年，根据国家发改委、财政部和水利部《关于云南省大中型水库移民避险解困试点方案的批复》（发改农经〔2014〕391 号），云南省大中型水库移民避险解困试点项目正式获得国家批准立项。项目试点范围涉及 6 个州市（曲靖、昭通、红河、保山、楚雄和德宏），9 个县市（会泽、龙陵、鲁甸、红河、永仁、楚雄、芒市、陇川和瑞丽），19 个乡镇、24 个村民组的特困移民 3 254 户 11 110 人（见表 3-1），规划总投资 44 829 万元（其中：国家 22 220 万元、地方配套 22 609 万元），项目建设内容以房屋建设、生产扶持、基础设施和教育培训等为主。

表 3-1　云南省大中型水库移民避险解困试点方案帮扶对象统计表（第一批）

序号	州/市	试点县	自然村（个）	户数（户）	人口（人）	备注		
1	昭通市	鲁甸县	4	431	1 517	乌蒙山区		国家扶贫开发工作重点县
2	曲靖市	会泽县	7	1 536	4 580	乌蒙山区	革命老区	国家扶贫开发工作重点县
3	红河州	红河县	2	309	1 394	滇西边境片区	革命老区	国家扶贫开发工作重点县
4	保山市	龙陵县	6	469	2 134	滇西边境片区	革命老区	国家扶贫开发工作重点县
5	楚雄州	楚雄市	2	202	642		革命老区	
6		永仁县	3	307	843	滇西边境片区		国家扶贫开发工作重点县
合计	5	6	24	3 254	11 110	5	4	5

注：数据来源于中国水电顾问集团北京勘测设计研究院有限公司，《云南省大中型水库移民避险解困试点方案》（报批稿），2014 年 1 月.

（一）云南省避险减困的措施与成效

（1）高起点规划、高标准建设

移民建一次房子很不容易，往哪里搬、建什么式样、建什么标准？都必须周密规划，科学设计。云南省按照“规模范围适度、资源配置有效、建设适度超前”的原则编制规划，项目建设实行“统一规划、统一设计、统一基础设施配套”，结合产业开发、新型城镇化、新农村建设、旅游开发等进行集中安置点选址，选择交通便利、就学就医就业方便、水源安全充足区域，避开地质、气象灾害区域。同时，云南省注重房屋的现代性和地方文化特色相结合，做到亮化、绿化、美化，保证移民“好房子，几辈子，再也不用拆房子”。如图 3-6 所示，丘北县打磨山村一户移民正按照政府规定的统一标准建新房。

图 3-6 文山州丘北县打磨山村避险减困房屋迁建对比

(2) 加强基础建设,改善移民发展条件

改善库区和移民安置区的硬件设施是广大移民群众的迫切要求。云南省顺应移民群众的呼声,全力实施移民扶持项目。例如,曲靖市 2014 年共实施移民扶持项目 656 个,在库区和移民安置区建设移民新村 16 个;改造危房 1.3 万平方米,建文化活动用房 2.3 万平方米,改善教学用房 4 000 平方米,建卫生室 6 个;建蓄水池 2.1 万立方米、灌溉沟渠 56 公里、安装管道 646 公里、改善灌溉 1.19 万亩、治理坡耕地 6 285 亩,修建村组道路、硬化村庄道路 574 公里。通过这些项目的实施,库区和移民安置区的行路难、饮水难、上学就医难等问题逐步得到解决,生产生活条件逐步改善①。

(3) 政府统筹优惠减轻移民避险解困搬迁负担

按照特事特办的要求,云南省建立移民避险解困搬迁"绿色通道",发改、财政、国土资源、规划、住房和城乡建设、房产、林业等部门采取简易程序办理相关手续,按规定减免相关费用。如对城镇移民避险解困搬迁集中安置点建设项目,比照棚户区改造等城镇保障性安居工程项目享受相关建设用地和税费优惠政策;中心村集中安置点建设项目,按政策减免行政事业性收费和政府性基金,经营服务性收费由财政拨款的执收单位按照价格部门规定标准的低限减半

① 云南移民电子杂志记者. 2014. 让移民共享改革发展成果——专访曲靖市移民开发局局长董宝才. 云南移民电子杂志 14(4).

征收。

第一批避险减困试点的配套资金筹措方案如下：资金筹措采取分级负担，其中，省级承担85%，17 000元/人（其中，整合省住房和城乡建设厅“农村危房改造”项目2 000元/人、省扶贫办“易地搬迁”和“扶贫安居工程”项目2 000元/人、使用国家下达云南省的后期扶持结余资金和省级库区基金13 000元/人）；州（市）、县（市）共整合配套15%（3 000元/人）。各级各部门具体配套的资金总额，以国家批准的试点人口规模为测算依据。

（4）强化产业扶持，促进移民增收

云南省在库区和移民安置区加大产业扶持力度，努力增加移民收入。例如，曲靖市2014年扶持种植业8 000亩，实施13个畜牧产业扶持项目，建畜舍1.2万平方米；扶持移民旅游业项目3个。陆良县投入2 500万元，在充分征求移民群众意见、反复分析研究的基础上，大力发展高原特色农业，因地制宜扶持秋马铃薯高产栽培、蚕桑、肉牛、土杂鸡、特色水产和蔬菜等优势传统产业，促进了移民增收。麒麟区潇湘库区通过流转土地、引进大户种植红提葡萄1 000亩，每年每亩租赁耕地现金收入1 000元，库区群众务工1天收入50元～100元。罗平县扶持移民旅游公司，开发“小三峡”旅游，带动100户移民增收；在龙头企业的带动下，鲁布革乡移民在天生桥电站库区万峰湖发展网箱、拦沟养鱼3.42万亩，年渔业产值3.5亿元，渔民人均纯收入8 949元；会泽县扶持发展冬早蔬菜、药材、石榴500多亩，养殖户41户①。

（二）云南省避险减困工作的特点

（1）整合资源，拓宽移民避险解困搬迁筹资渠道

移民避险搬迁的资金需求量大、涉及的收费项目多，云南省通过建立“政府主导、部门配合、移民主体、社会扶持”的资源整合机制，拓宽移民避险搬迁资金筹措渠道，才能减轻移民的负担，避免“建房返贫”现象的发生。集中移民资金打好避险解困搬迁攻坚战。避险解困搬迁的移民数量多、贫困率大，是全面建成小康社会的攻坚堡垒，需要集中移民后期扶持资金进行重点扶持。

---

① 云南移民电子杂志记者. 2014. 让移民共享改革发展成果——专访曲靖市移民开发局局长董宝才. 云南移民电子杂志 14(4).

案 例

——毛家村水库，避险解困大幅提升移民城镇化水平

位于曲靖市会泽县的毛家村水库，是世界第二、亚洲第一大土坝，于1958年开工建设。当地移民广泛分布在海拔2 000米以上的山区、半山区，生存环境恶劣，自然灾害频繁，石漠化现象普遍，土地保水固土差，水土流失严重，局部性地质灾害频繁；住房大多为土木或石板简易房，有的只是用土坯支起框架，屋顶盖上稀薄的瓦片，四周用玉米秸或树枝遮挡，由于年代久远或受地质灾害影响，存在巨大的安全隐患；移民除原有的土地资源外，基本没有其他可开发和利用的生产资源，部分移民人均耕地仅为0.24亩，人均纯收入不足1 000元。2013年，云南省积极为贫困移民群体争取国家大中型水库避险解困试点项目，作为第一批试点地区，毛家村水库移民感受颇深。当地1 010户4 580名避险解困帮扶对象中，有640户3 058人搬进县城，占规划人数的67%，187户906人集镇安置，占规划人数的20%，彻底摆脱了恶劣的生存和居住环境。为安置移民建设的待补社区移民新村，更是被纳入了以“山青、水绿、路畅、城美、镇富”为标准的待补精品特色小镇规划布局。

——茄子山水库，避险解困解决地方政府信访难题

避险解困项目对于推动地方整合配套资金，实施精准扶贫工作起到了极大促进作用，也为解决老水库移民历史遗留问题找到了出路。20世纪90年代初，保山市龙陵县茄子山水库开工建设，部分移民以投亲靠友和企业招工等方式自发外迁到德宏州的芒市、陇川县和瑞丽市自行安置，多年来移民的身份问题始终无法解决，成为长期困扰地方政府的信访维稳难题。通过实施避险解困项目，609户2 364名移民没有户口的得以落户、没有土地的人均配置0.5亩耕地，彻底解决了帮扶对象无户口、无土地、无住房、无党组织、无身份、无扶贫档案的“六无”问题。在云南边疆、山区、民族、贫困四位一体的省情和国家精准扶贫的大背景下，避险解困工作的提出和实施，成为解决云南省老水库移民历史遗留问题的一个重要突破口。

资料来源：云南省移民局，云南省大中型水库移民后期扶持政策实施十年工作总结，2017年。

(2) 整合涉农资金倾斜扶持移民避险解困搬迁

移民避险解困搬迁是一项系统工程，涉及发改、财政、建设、国土等诸多部门。云南省各相关部门全力支持配合移民避险解困搬迁工作，在政策、资金、技术的安排上给予充分的支持和倾斜。对符合农村危房改造、易地扶贫搬迁条件的建房移民给予建(购)房补助，农村道路、农村饮水安全、农田水利设施、农产品生产基地建设、扶贫开发、太阳能、农村电网完善等项目资金向移民避险解困搬迁倾斜，村级公益事业建设一事一议财政奖补资金、以工代赈等项目资金用于本村移民避险解困搬迁。

(3) 实施避险解困，集约解决特困移民问题

云南省对就地难以解决长远发展问题的特别困难的移民村，实行集约投资，整体搬迁。例如，在国家和省的关心支持下，曲靖市会泽县被国家列为移民避险解困项目试点县。投资 1.86 亿元，人均补助资金 4 万元，新建住房、完善新村基础设施、扶持生产、开展教育培训，搬迁安置 5 个乡镇(街道)困难移民 1 536户 4 580 人，其中进县城安置 2 894 人、集镇购房安置 217 人、集镇建房安置 722 人、中心村建房 747 人，为特困移民群体的长远发展重新构建了一个发展的基础①。

(三) 避险解困模式面临的问题和措施

国家开展大中型水库移民避险解困试点工作是实实在在的惠民工程，但在落实到具体项目时存在很多问题亟待解决。

(1) 政策在执行过程中的连带影响问题

政策的优惠性和非普惠性同样带来对象的局限性和不平衡性，纳入试点的村组中的非农村移民户和连带影响人口，按政策要求不予补助，而试点实施则是以村组为单元，给实施工作增加难度。这些因素势必会造成不同群体的思想波动。移民避险解困安置工作，事关移民切身利益，事关社会稳定大局，各级党委政府如何结合实际做好做实避险解困项目，是维护社会稳定的关键因素。因此，在开展避险解困工作时，必须坚持公开、公平、公正的原则，定准对象、严格标准、规范程序。严禁借机搞形象工程、政绩工程，严禁乱开政策口子、乱铺摊

① 云南移民电子杂志记者. 2014. 让移民共享改革发展成果——专访曲靖市移民开发局局长董宝才. 云南移民电子杂志 14(4).

子、随意扩大范围。针对这一情况，一些地方在逐步摸索的过程中，通过市级财政和其他优惠政策的引导，统筹解决了无法享受避险解困政策这一部分群体的后顾之忧，有效化解了当地的维稳压力和消除不稳定因素。

（2）部分地区仍然局限在通过基础设施建设对贫困村组进行就地改造的工作思路

避险解困工作的目的，正是要解决水库移民居住不安全、生存环境恶劣、生活贫困等特殊困难问题。云南省的特困移民多集中在山高坡陡的农村地区，移民在当地已经失去了生存和发展的空间和机遇，如果仍然按照以往强调基础设施建设的思路，避险解困的项目资金只能是杯水车薪，暂时解决了小部分移民的出行、居住等问题，却解决不了整片区域移民的长远发展问题。利用避险解困政策的契机，将已经没有发展条件的地区的移民整体搬迁出来，年轻力壮的可以进城和集镇务工，年老体弱的可以集中在中心村安置，因势利导、因人而异、疏导分流，才能为特困移民群体提供一个长远发展的生存空间，为子孙后代造福。

（3）部分地区基础工作不扎实，底子不清

避险解困试点项目的申报以县市区为单位，县级政府的重视程度和积极态度是避险解困试点申报成功的前提条件；各有关部门出具的地质滑坡体、危房、特困群体等情况的鉴定材料，是避险解困试点申报工作的必备条件；同时，移民的参与度、满意度是避险解困试点工作成功的重中之重。因此，在开展前期工作时就要求当地政府摸清基本情况，统筹协调有关部门与移民机构密切配合，编制试点方案时强化移民的参与度和满意度，坚持做到80%以上的移民同意才可以作为试点村组申报。

（4）做实做细避险解困的规划和实施工作

云南省加大省级资金的筹措和投入力度，将实施方案的编制具体化，明确市级、县级财政不再配套资金，使市、县两级政府能够抽出精力统筹整合资源，把避险解困规划实施工作做实做细。同时，明确各级各部门工作责任，采取“三级方案、四级联动”的管理模式，即：省、县市、乡镇三级分别制定指导意见、实施方案和实施细则；省、州市、县市、乡镇四级整体联动推进工作。各试点县市采取了县级领导负责制，并从相关部门抽调精兵强将组成协调指导组和督导组，采取“领导包片、组长包点、人员包户”的协调和督导工作机制，将试点任务包到乡镇、村、组、户，对试点工作涉及的方方面面，做到横向到边、纵向到底，不留死角。

六、资产股权量化模式

实施资产收益扶贫，是中央和云南省委、省政府提出的重大扶贫举措，是精准扶贫、精准脱贫基本方略的具体表现形式。云南省政府办公厅 2016 年出台了《云南省人民政府办公厅关于推进财政支农资金形成资产股权量化改革的意见》(云政办发〔2016〕89 号)，在全省 88 个贫困县推进此项改革。以资产股权为纽带，积极盘活农村农民资源资产，调动农民专业合作组织、村集体经济组织、扶贫龙头企业等新型经营主体带动、支持农户增收致富积极性，建立经营主体生产经营收益与农户增收致富利益联结机制，拓宽缺劳力、缺技术和丧失劳动能力等自主创收能力受限制的农村贫困人口持续稳定的增收渠道，用活财政资金，盘活农村资源，激活农民积极性，搞活农村经济。

(一) 云南省股权量化改革模式的特点[①]

(1) 财政支农资金形成资产的股权量化

突出农民群众主体地位，尊重农民群众首创精神，根据项目实施主体的不同，因地制宜创新股权量化方式。对于财政支农资金投入到农民专业合作社形成的资产，符合条件的，均可按照规定程序和方法量化给所有社员，但首先以优先股的形式重点量化给贫困户，并确保贫困户一定的分红底线。对于财政支农资金投入到农村集体经济组织形成的资产，设立贫困户股份，剩余部分再平均量化给农村集体经济组织成员。对于财政投入到村的各类支农资金形成的资产，转变为村集体和农民持有的资本金，再投入到企业、合作社或其他经济组织，形成村集体和农户持有的股金。财政支农资金形成资产股权，以计价的形式平均量化到农民合作社、村集体经济组织或农民用水合作组织等主体的成员。其中，财政扶贫资金形成资产股权按照精准扶贫的要求，全部量化给建档立卡扶贫对象。云南省还鼓励龙头企业与农民专业合作社或农村集体经济组

① 云南省人民政府办公厅. 2016-09-09. 云南省人民政府办公厅关于推进财支农资金形成资产股权量化改革的意见(云政办发〔2016〕89 号).

织共同利用财政专项扶贫资金成立实体，明晰双方持股比例。农民通过农民专业合作社或农村集体经济组织持有实体股份，并设立贫困户优先股，剩余股份再按照规定量化。贫困地区水电、矿产等资源开发，赋予土地被占用的村集体股权，让贫困人口分享资源开发收益。对于财政支农资金投入而受益的产业经营主体，确保建档立卡贫困户分红底线，参照本年度银行同期一年定期存款利息分配。

(2) 委托经营与合作

贫困户持有资产以及小额贷款等资源，采取委托经营或合作经营等方式，交由新型经营主体经营管理，项目收益按照比例分成。

(3) 创新经营模式

云南省鼓励各类实施主体带动持股成员从事多种形式的农业合作生产经营，形成按股分红、利益共享、风险共担的利益共同体，并完善推广"合作社＋农户＋龙头企业""市场(含超市)＋合作社＋农户""园区＋合作社＋农户"等经营模式和"利益兜底""收益分成""大园区＋小业主"等利益联结模式，盘活资产股权。

(4) 建立动态调整机制

云南省量化股权分配向贫困群众倾斜并动态调整，确保贫困群众优先受益，要求各地结合实际确定股权分配方案，但要重点向贫困户倾斜，特别是将无劳动能力或弱劳动能力的贫困家庭作为优先支持对象，增加配置股份，帮助其获得稳定的收益分红。各县、市、区每年对贫困户脱贫情况进行跟踪监测，凡实现脱贫的农户给予3年巩固期优惠持股，期满后不再享受扶贫股权，原贫困户所持有的扶贫股收归村集体经济组织持有管理，主要用于村内公益事业建设、救助因灾因病返贫的困难群众或给新增贫困户配股。

(5) 建立资金支持机制

对纳入改革的资产收益扶持项目，云南省各市(县、区)从省级下达的财政扶贫专项资金中安排部分资金支持实施主体生产经营。该项试点资金形成资产全部折股量化给建档立卡贫困户，投资收益直接分配到建档立卡贫困户。各县、市、区采取贴息、建立风险补偿金等方式，支持实施主体撬动和引导金融资本，加大对建档立卡贫困户股权投入实体项目的投入，提高资金使用效率。云南省还建立激励机制，对财政支农项目资产收益扶贫实施工作开展好的市（县、区），省财政以"以奖代补"的方式，在财政扶贫资金和其他财政支农资金安排上予以倾斜。县、市、区统筹安排补助资金，加大对扶贫成效显著的实施主体的支持力度。

（二）"移民资金形成资产股权量化"改革试点——曲靖市马龙县

曲靖市马龙县根据云南省、曲靖市移民局的要求，以苹果产业为重点，开展"移民资金形成资产股权量化"改革试点工作。经过一年的探索和发展，取得了一定的成效。

(1) 产业发展基本情况

2017年以来，马龙县移民局结合县内打造"有机农业示范县"的总体布局，选准苹果产业，选定具有实力的企业作为实施和经营主体，打破常规，大胆尝试，进行股权量化改革，探索移民受益新方式。

(2) 股权量化改革的主要做法①

马龙县的主要做法是突出五个着力解决好五个核心问题。

① 着力解决"谁来抓和怎么抓"的问题。为了落实责任，强化组织保障，马龙县委、县政府成立了县委书记任组长的改革试点工作领导小组，统筹协调，高位推动改革工作。明确由县发改局负责立项、财政局负责资金拨付和参与资产认定、农业局负责产业技术指导、移民局总体负责协调推进，解决有人研究部署，有人督促落实的问题。为让改革试点有章可循，通过深入调查研究、广泛征求意见，县委、县政府出台了《马龙县水库移民后期扶持资金形成资产股权量化改革试点方案》，明确了指导思想、工作原则、方法流程、保障措施等，解决了改革试点遵循什么依据开展的问题。

② 着力解决"从哪里着手抓和如何实施"的问题。改革试点方案制定后便是选准试点产业，搭建扶持平台规范实施。苹果产业是马龙县重点发展的特色产业，马龙苹果品质高端、品牌响亮、品种一流，市场前景好、效益周期长、辐射带动强，而且苹果种植的基础设施建设比较容易形成实物资产，非常符合资金变资产、资产变股权的要求，经多方对比论证，选定苹果产业作为改革试点主导

---

① 马龙县移民开发局. 2017-10-19. 马龙县水库移民后期扶持产业发展初见成效

产业。产业要快速健康发展，示范带动非常关键。于是，马龙县进一步筛选出云南爱泊农业科技有限公司作为龙头企业，规划建设 6 600 亩有机苹果主题庄园项目，作为股权量化改革试点的平台来打造。选准改革试点载体后，必须要解决好规范实施的问题。该县有针对性的研究制定了县人民政府与爱泊公司的股权量化协议、县移民局与爱泊公司的股权量化方案、移民资金投资范围约定、县移民局的股权量化收益分配方案等一系列约束机制，规范了改革试点的方法步骤及县人民政府、县移民局、爱泊公司的权利义务，保障改革顺利实施。

③ 着力解决"移民资金如何形成资产和怎么确立股权"的问题。方案制定，项目选定后，马龙县按照移民后期扶持项目的报批程序，认真组织可行性研究、初步设计编制上报，待项目核准、资金下达后，严格按照基本建设程序组织实施工程建设。工程竣工审计后，通过县移民、财政部门和爱泊公司三方对建设形成的实物进行认定，建立台账，即形成资产，资产的总额以项目批准的投资及结算审计认定总额为准，资产的所有权属于县人民政府，使用权交给爱泊公司，由公司负责使用及维护管理。股权的确立，资金形成的资产作为实物股份，股份投入企业后按期分红，由专业合作社代表全县的移民持有股权。

④ 着力解决"以什么办法分红和分配多少"的问题。因马龙的股权量化改革试点选定项目是苹果种植，需要三年后才能见到效益，就根据苹果产值效益测算，在考虑资金使用成本的前提下，与企业共同协商，采取固定收益、分期支付的回报方式，确定分红期限为 15 年，从项目实施的第 4 年开始分红，前 10 年属于苹果丰产期，每年按照资产总额的 10%分红，后 5 年属于苹果退化期，每年按照资产总额的 5%分红，年底分红一次。受益对象如何分配红利的问题，实行红利收入的 80%分配给全县大中型水库移民和项目所在乡镇(街道)建档立卡的贫困人口，20%分配给参与项目建设管理的专业合作社，用于合作社经营管理和发展壮大。分红期满后，优先由爱泊公司按照政府性资产管理规定，折旧评估回购，资产处置收益全部进入县移民局专户管理，用于新的移民扶持项目建设。在分红期限内，若公司在扩大生产规模或上市融资方面需要，可以提前收购政府性资产，并一次性将 15 年收益期的分红下欠部分给付完毕，确保分红收益能够持续兑现。

⑤ 着力解决"如何精准受益对象和怎么增加收益额度"的问题。马龙县改

革试点方案确定的主要受益对象是全县的大中型水库移民以及项目所在乡镇(街道)的建档立卡贫困人口。为确保对象精准，实行动态管理，由县移民局按照规定每季度核减移民；县扶贫办按照年度精准脱贫出列贫困人口，核减的移民和脱贫出列的贫困人口即不再享受分红。股权分红第一期按照 1 900 万元资产股权计算，10%的红利为 190 万元，预计分红受益对象有移民人口 2 500 人，有贫困人口 500 人，共同分配 80%的红利，年人均可分红 600 元，移民人口补助收入可在规定直补标准的基础上翻一番，达到 1 200 元每人每年。同时，当地群众(含移民)通过土地流转、到企业打工还可增加两份收入，经测算可带动户均年增加收入 3.5 万元。远期，通过企业投资增加，基础设施完善，产业链延长后，可带动周边群众收入大幅增加。

(3) 股权量化改革取得成效

① 创新了移民后期扶持受益方式。移民后期扶持资金形成资产股权量化改革试点，在坚持按照审定的后期扶持人口将扶持资金直补到人的基础上，通过股权分红，找到了移民扶持资金通过产业项目发展放大，变现后长期受益移民的突破口，创新了以单个移民后期扶持项目受益覆盖全县大中型水库移民的新模式，并帮扶了项目所在乡镇(街道)的贫困人口，通过股权量化改革，助推了脱贫攻坚工作。

② 打破了移民后扶项目小散弱的局面。马龙县安置的大中型水库移民相对偏少，而且很分散，全县各乡镇(街道)均有分布，其中，安置得最少的乡镇仅有 3 人，最多的一个街道有 784 人。移民后扶项目规模的确定与受益移民人口的数量是正比关系，由于移民人口安置分散，扶持项目规模就小、资金量也就少，做不了大项目、谋不成大发展，并且资金分散也客观上增加了管理的成本和难度。马龙县的股权量化改革试点，突破了以村民小组或村(居)委会为单位实施项目扶持的瓶颈制约，打破了行政地域限制，走出了一条规模化、标准化实施移民后扶产业开发的新路子。集中力量扶持发展产业项目，一方面为能够做大做强龙头企业起好示范带动作用，另一方面也能够让有限的移民扶持资金发挥出最大的效益。

③ 解决了企业发展过程中融资难的瓶颈。移民后期扶持的产业项目大多数都是以农业种植和养殖为主导，农业企业发展的明显特点是投资大、见效慢、

成本回收周期长，尤其是投资基础设施建设形成的固定资产，很难估价作为融资贷款的抵押，造成了企业的资金沉淀，无法滚动发展。移民资金形成资产的股权量化改革试点，创新了投融资模式，移民资金投入企业主要用于能形成实物资产的基础设施建设，恰恰满足了企业的需要，解决了企业流动资金不足问题，弥补了发展的短板，调动了企业自主发展的积极性，为企业的持续健康发展和发挥龙头带动作用创造了条件。

七、创新社会管理模式

创新社会管理模式，主要是通过理清管理领域，创新管理内容，强化社会公共事务的管理，维护各方各类群体的正当权益。云南省创新社会管理模式的抓手主要有以下三个方面：(1)加强社会管理体系建设，强调基层党组织和政府在社会建设中的中心位置，同时要健全和完善社会自治、自律和自我发展的新机制；(2)充分发挥基层组织和社会组织的积极作用，推动教育宣传，引导村民增强自我管理的主体意识和责任意识。充分发挥各种社会组织和村民个人在社会管理上的主体性及其对政府社会管理的监督制约作用；(3)社会管理创新的路径选择，推进社会管理创新，首要的是搞好制度建设，完善社会管理的一系列政策和法规。

例如，元江县曼来镇高度重视社会管理，促进文明新村的发展，就是云南省创新社会管理的样板。曼来镇包括菁门口、石脚地、桥边和马鹿洞四个移民新村，自新村建成以来，坚持建管并重，突出抓好后续管理，实施村民自治，具体措施有：

一是坚持国家帮扶与自力更生相结合的原则，在加大国家帮扶力度的基础上，运用基层党组织的政治舆论宣传优势，教育引导广大移民群众顾全大局、团结协作、艰苦创业，充分调动和发挥其建设家园、管护家园的积极性和自觉性。

二是抓组织建设，增强管理能力。充分利用村“两委”换届契机，配强村组干部。现任村党总支书记及小组干部就是在村“两委”换届期间配置的社区小组一把手，他们既是村组领导又是水库移民，都有无私奉献精神，带领群众在家乡建设中发挥了重要作用，得到群众高度认可。同时，实行村务公开，加大群众对干部监督力度。设立基层组织活动阵地，着力提升阵地服务功能，促进社会经济和谐发展。

三是抓制度建设，建立长效机制。制定了《移民新村环境卫生自主管理办法》等一系列制度，主要内容包括村规民约，新村公约（财务管理公约、农村环境卫生公约、公共设施管理公约、计划生育公约、社会治安公约等）、农村基层组织建设制度、妇女协会制度和节水灌溉制度等。这些制度的建立促成了村民和睦相处，婚事新办、丧事简办，形成科学、健康、文明、和谐的生活方式。

四是强化宣传，积极教育引导广大移民群众自觉维护和执行村规民约等一系列规章制度，增强自我管理的主体意识和责任意识，使各项制度家喻户晓，都能落到实处，成为一种常态和自觉行动。

五是抓教育管理，提高村民素质。最近 7 年一共举办各种培训 15 期，参训群众 1 492 人次，发放培训手册 1 000 余册，培训内容除水果栽培技术外，还涉及蔬菜种植、畜禽养殖、乡村旅游及精神文明建设等方面。积极开展各种创建活动，鼓励移民群众争当"十星级文明户""五好文明家庭"和"标兵户"。发挥典型示范带头作用，推广种植能手经验。组织村民代表外出参加学习，增强发展意识，加快发展步伐。繁荣农村文化，鼓励农民充分利用活动场地，积极开展农村文艺演出、篮球比赛等，既丰富了农村文化生活，又促进了邻里和睦。

六是建立卫生保洁长效机制，严格划定卫生责任区，明确卫生责任人，实行门前"三包"责任制，村民每天都能自觉打扫环境卫生，自我管理、自我约束、自我监督意识不断增强。

案　例

——石脚地致全体村民的一封信（节选）

全村上下立即行动起来，做环境整治的参与者。广大村民要增强大局意识，树立集体荣誉感，积极配合并主动参与环境整治。从自身做起，从每个家庭做起，投身环境综合整治第一线，为提升综合环境，建设幸福美丽家园出力流汗，用我们勤劳的双手，扮靓我们的家园。

全村上下立即行动起来，做改变陋习的带头者。自觉维护环境整治，切实改变垃圾乱倒，污水乱排，物料乱堆，棚舍乱搭、柴草乱堆、墙体乱涂等陋习，培养文明健康、保护环境的良好习惯，巩固环境综合整治成果。

全村上下立即行动起来,做良好风尚的引领者。作为生在石脚地,长在石脚地的村民,我们既是建设者,又是管理者,更是受益者。保持优美整洁的环境,就是维护石脚地村民的荣誉和脸面。我们应当从一点一滴做起,增强环境意识,自觉维护环境整洁,树立人人讲文明,讲卫生、讲环保的良好风尚,塑造石脚地新形象。

小节彰显大德,小家汇成大家,有了每个小家的自觉行动和良好习惯,才有大家舒适优美的居住环境,开展环境综合整治,事关你我切身利益。让我们携起手来,用我们的热情,真诚、辛勤和汗水,共同打造舒适、优美、便捷、文明的生活环境,共同创造石脚地灿烂辉煌的明天!

资料来源:元江县石脚地村委会. 2015. 石脚地小组村民自治管理手册

图 3-7　元江县曼来镇石脚地村相关社会管理制度

图 3-8 门前卫生责任“三包”与卫生责任区

图 3-9 元江县曼来镇移民新村创新社会管理现状

第五节 全面建设“美丽家园、小康库区”的实践经验

一、领导重视，组织有力

（一）地方政府对移民工作的重视程度不断加强

一是随着云南水利水电工程建设工作的推进，地方政府领导逐步认识到移民工作的重要性，在干部选拔和任用、移民部门建设、办公场所等方面的建设力

度不断加强。二是《关于促进库区和移民安置区经济社会发展的通知》(发改农经〔2010〕2978号)文件从建立机制、规划编制、年度计划、建设投入、监督管理等五个方面对促进库区和移民安置区经济社会发展的主要任务做出部署,提出了明确意见。地方政府对于库区和移民安置区后期扶持工作的重视程度在不断加强。三是各级移民部门在工作中积极主动向党委政府领导汇报,不断争取领导的支持和指导,加强与各行业部门之间的衔接协调,加快建立促进库区和移民安置区经济平稳发展、基础设施完善、移民持续增收、社会和谐稳定的长效机制。

(二)组织有力,充分发挥了政府的领导和保障作用

① 不断加强领导,明确责任。根据云南省库区和移民安置区全面建设"美丽家园、小康库区"工作意见和实施方案的要求,为有效组织协调各部门,推进试点工作顺利开展,对于试点规划确立的创建项目,明确组织、施工和监督单位,责任到人,定期召开项目协调会议,各部门明确责任,紧密配合,相互联系,相互支持,加强及时通报和信息资源共享,形成向心合力。

② 不断加强宣传,维护稳定。云南省各试点地区创建工作畅通了公众参与渠道,引导移民和非移民以合理方式表达利益诉求,县乡村各级移民部门设立了群众工作室,认真对待群众来信来访,坚持正确的舆论导向,特别做好了政策宣传和解释工作;同时,建立了矛盾排查、调处机制,县级领导小组坚持做好信访信息的收集工作,认真分析信访案件和信访问题,排查矛盾纠纷,上下联动,做好矛盾化解工作;最后,创建工作坚持属地管理、分级负责。

③ 坚持严格监管,严肃纪律。云南省各试点地区"美丽家园、小康库区"创建规划审批通过以后,试点县(市、区)人民政府统一领导,各项工作一级抓一级层层落实,县级监察部门要定期检查工程质量,审计部门按时对工程进行审计,有效防止了挤占、挪用、贪污工程资金和"豆腐渣"工程现象的发生。

④ 不断强化检查考核。云南省移民局切实发挥对全省移民工作的监督管理职责,紧紧围绕签订的全省移民工作目标责任书、6个水电站移民安置单项目标责任书和涉及移民工作的"四个一百"重大项目,强化目标责任管理,逐级传导压力、夯实任务,一级抓一级、层层抓落实,做到了年初签订责任书,年中检查跟踪推进,年底全面考核奖惩。同时,创新了检查考核方式,加强了对移民资金

项目立项、审核、实施、验收全过程动态跟踪管理。并能认真对待签订的移民工作目标责任书，坚决落实责任，坚决兑现任务。

⑤ 不断强化廉政建设。廉政建设和作风建设永远在路上。移民项目资金量大，涉及面广，必须严守纪律，严格要求、严格管理。云南省按照党风廉政建设责任制和工程建设管理规定要求，紧紧盯住工程招投标、资金管理等关键环节，严格按程序规范办事，实施全程监督管理，构建了务实管用的防范制度机制。监察、审计、财政、移民等移民工作领导小组成员单位，切实发挥了监督管理职责，进一步加强了监察审计、稽察监督、监测评估、绩效考核等工作，确保移民工程质量过硬、资金安全、干部清白，经得起历史和人民的检验。

⑥ 不断强化队伍建设。移民干部队伍是做好移民工作的中坚力量，能力素质直接决定着移民工作的质量和效果。因此，云南省各级政府高度重视移民管理机构和移民干部队伍建设，理顺职能职责，配齐配强领导班子，推动了移民系统自身建设。不断加大移民干部培训力度，整合培训力量，扩大培训范围，提高培训实效，不断提升移民干部职工整体素质和移民工作质量效率。另外，云南省关心移民干部成长，创造培养锻炼机会，加大了交流力度，大力宣扬基层移民干部先进典型，树好导向，激发动力，发挥作用。州市政府也能关心移民部门建设，强化了看齐意识，机构编制、人员待遇等向省里看齐。

二、规划引领，科学论证

移民安置规划是移民安置实施的蓝图，是恢复和发展移民生产、生活的重要前提措施，规划也是之后一段时间大中型水库移民后期扶持工作的重要依据，编制规划是做好大中型水库移民后期扶持工作的基础和关键。没有科学合理的规划设计，就不可能妥善地安置移民，移民的权益就不可能得到保护。

因此，云南省高度重视全面建设“美丽家园、小康库区”工作，始终认真贯彻执行《大中型水利水电工程建设征地补偿和移民安置条例》（国务院令第 471 号）和《云南省人民政府关于贯彻落实国务院大中型水利水电工程建设征地补偿和移民安置条例的实施意见》（云政发〔2008〕24 号）文件精神，严格按照水电工程建设征地、移民安置规划设计和实施工作操作程序实施。科学制定了《云南省大中型水库移民后期扶持“十三五”规划》（2016—2020 年），《云南省大中型水库移民避险解困试点方案》《云南省人民政府关于进一步做好大中型水电工程移民工作的意见》等。

云南省对创建“美丽家园、小康库区”工作严格把关，严格审核，科学论证了规划的合理性和可行性，为后期规划的实施奠定了较好的基础。例如，云南省科学制定了乌东德水电站库区和移民安置区产业（农业）发展规划，选准产业，以高原特色农业产业为基础，以拓展农业多功能为主线，培育农业新型经营主体为抓手，把新机制、新技术、新业态、新模式引入高原特色农业产业，全力打造集生产栽培、精深加工、冷链物流、观光旅游为一体一二三产业深度融合发展的高原特色现代农业新体系，让移民吃下了“定心丸”，积极主动配合移民安置，稳步推进电站建设工作，为云南省进一步实施移民后期扶持工作做出了贡献。

以曲靖市麒麟区独木村为例，麒麟区移民局紧跟省委、市委步伐，因地制宜，突出特色，制定合理的科学规划。独木移民新农村建设规模大、标准高、受益人多面宽。为将独木村打造成曲靖市乃至全省一流库区移民新村，麒麟区遵循因地制宜、合理布局、节约土地、集约发展、规划先行的原则，根据该村区域特征、经济社会发展目标及资源承载力，科学规划，统筹发展，准确定位经济发展和生态环境保护的关系，着力改善人居环境，突出个性美、尊重自然美、侧重现代美、构建整体美，形成包括产业发展、小区建设、生态绿化、基础设施建设、社会事业发展、精神文明建设等在内的整体规划。一是聘请有资质的规划设计单位，实地勘测，并根据库区群众意愿，做好移民新农村整体规划，为开工建设打好基础；二是按照“适度集中、节约用地、有利生产、方便生活”的原则，遵守独木水库保护条例，高标准、高规格完成洒马必、德新村村庄道路、住房、污水处理、绿化美化等专项规划，打造适宜生产和人居的移民新区；三是规划编制过程中，由领导小组成员单位根据最新行业标准，深入调研，草拟方案，报经领导小组讨论确定建设项目和补助标准，合力抓好实施规划的编制、组织和实施工作；四是在开展建设中，立足当地资源优势，正确处理好人口、资源、经济和生态环境的关系，美化群众的生产生活环境，实现开发与治理并重，经济和环境协调发展的良好目标。

三、试点先行，典型推广

在“精准扶贫”的大背景下，“大中型水库移民避险解困”的提出与实施成为了一个突破口，作为云南省全省试点的红河州红河县，充分利用了这一项目所带来的机遇，将县内两个原本生活环境恶劣、经济发展滞后的少数民族移民村寨列为试点，真正实现了精准扶贫。

20 多年前，为了俄垤水库工程顺利施工，上千人搬离原址成了移民。很长一段时间里，红河县的库区移民都是一个特殊的弱势群体。与周边的其他村落相比，人文环境资源、组织结构的调整重组，在一段历史时期内，直接导致了移民生产方式的落后，库区移民经济社会发展相对滞后。由于地理、自然、历史等诸多因素，贫穷与落后一直是俄垤水库库区移民挥之不去的阴影。水库建成后，库区生产资源非常匮乏、有的移民村人均耕地低于 0.2 亩、人均纯收入在农村居民最低生活保障线下，在当地经济社会发展中处于边缘化状态。据统计，2012 年末，试点项目村库区移民人均年纯收入仅为 918 元，其中 70％移民特困户人均年纯收入仅为 615 元，人均有粮 125 公斤、缺粮在三个月以上的贫困人口有2 252 人。与此同时，库区移民的住房大部分为土木结构，且 90％以上为危房。居住条件十分简陋，人均住房面积不足 20 平方米，且结构设计不合理，人畜共居、杂居情况十分普遍。卫生条件差，导致各类疾病滋生蔓延，严重危害了移民的身心健康。由于库区位于滑坡、崩塌、山洪、泥石流等地质灾害易发区域，移民群众生命财产安全受到严重威胁，居住安全系数较低。加之红河县属于国家级特困县，农村人口素质低，产业不发达，根据县劳动就业局统计数字显示，全县农村人口就业率低。水库库区移民小学及小学以下文化占移民总数的 87.9％，全县财政收入低，没有专项资金投入全县农村人口就业培训，水库移民几乎没有经过任何技术培训，劳动力主要在本地从事农业种植活动，剩余劳动力靠外出打短工谋生。水库移民的农田，由于水库建设，大部分被征用，剩余的生产区土地都是原来未开垦的荒山、荒地，土壤瘦薄，没有水田和经济林地，山高坡陡，没有水利灌溉设施，缺乏灌溉用水，在很大程度上制约了移民的生产结构调整和开发。“贫困”一时间成为了大家看待俄垤水库移民的代名词。

多项举措消除“险”“困”红河县大中型水库移民避险解困试点项目于 2014 年 3 月被国家发改委、财政部和水利部纳入国家试点建设计划，成为云南省 6 个试点县之一，也是红河州唯一的试点县。试点范围包括红河县宝华乡俄垤村委会规垤海村、普施村两个村 309 户、1 394 名特困移民，项目规划总投资 8 000

多万元，采取搬迁安置、完善设施、产业扶持、培训就业等措施，解决了俄埡水库特困移民存在的居住不安全、生存环境恶劣、生活贫困等问题。

四、公众参与，注重实效

大中型水利水电工程移民是国家工程建设而产生的非自愿移民，移民对于整个搬迁安置工作有着复杂的情绪，直接关系到水电站建设的进展、库区和安置区的和谐稳定。积极有效的公众参与有助于移民政策的更好实施，能弥补政府决策的有限理性。云南省实现公众参与的形式有移民参与和水利水电业主单位及其他社会力量的参与。

（一）移民参与的方式及内容

① 移民项目意愿调查。"十三五"规划制定前，各县移民局及县直相关职能部门组成工作组，深入涉及移民的村组开展规划调研工作。云南省通过实地踏勘和走访农户，收集分析有关材料，召开村民大会、农户座谈会等，了解了移民对存在问题的看法，收集移民项目意愿。云南省坚持规划跟着库区移民群众意愿走的原则，统筹兼顾、整合资源、突出重点、分类实施。

② 鼓励移民亲身示范。云南省各库区和移民安置区要广泛动员移民，带领他们一起观看、品尝产品，将自愿参加项目的移民列为典型示范户，政府给予了大力支持，农业专家提供技术支撑，让典型示范户用农业产业项目的实际经济效益来说话。当参与的移民越来越多时，政府充分行使其服务职能，引导移民、农民成立专业协会或合作社，促使了农村产业步入良性持续发展。

③ 开办经验交流座谈会。云南省各库区和移民安置区邀请部分移民讲述成功创业的经验，通过移民面对面经验交流提高移民创业的激情，提高移民参与项目实施的主动性及积极性；同时加深了移民对大中型水库后期扶持规划项目的了解，减少了很多矛盾的发生。

④ 保障移民的知情权和监督权。云南省各库区和移民安置区按照公开、公平、公正的原则，云南省项目规划、建设和资金使用实行公示制度，对移民项目实施定期通告，移民资金使用定期公示，自觉接受社会和群众监督。

在"十三五"规划实施过程中，云南省各库区和移民安置区移民的正当权益受到损害时，移民通过书信、电子邮件、传真、电话、走访等形式，向各级人民政府、县级以上人民政府工作部门反映情况，提出建议、意见或者投诉请求，依法由有关行政机关处理①。

（二）水利水电业主单位及其他社会力量的参与

广大移民群众为水利水电工程做出了贡献，水利水电业主单位有义务参与到"美丽家园、小康库区"建设中，尤其是水电业主单位。因此，云南省水利水电业主单位应在资金等方面为"美丽家园、小康库区"建设提供支持。

云南省各库区和移民安置区通过广泛的宣传，让人们深入的了解库区和移民安置区"美丽家园、小康库区"建设的意义，加快建立全社会参与的激励机制，拓宽全社会参与的途径，通过政策激励、要素运作等方式，充分调动人民团体、企事业单位和社会知名人士、非政府组织、非营利组织等社会力量参与到"美丽家园、小康库区"建设中，提供人才、智力、资金等资源的支持，积极吸引个人、企业参加"美丽家园、小康库区"建设的投资和管理。对在"美丽家园、小康库区"建设中做出突出贡献的单位和个人给予适当的精神和物质奖励。

云南省各州市高度重视移民群众的公众参与工作。例如，红河州通过以下四个措施提高了公众参与度：一是完善了红河州移民部门新闻发言人制度，使之成为政务信息公开的重要制度安排。红河州移民部门采取了多种形式，加强新闻发布，增加发布频次，了解民情民意和社会密切关注的宏观经济、民生等重要信息；二是主动回应社会关切。重要政策、法规出台后，红河州通过多种方式做科学解读，让移民公众更好地知晓、理解红河州移民部门经济社会发展政策和改革举措。对重要舆情和社会热点问题，积极回应、解疑释惑，并注意把移民群众的期盼融入红河州移民部门决策和工作之中；三是强化责任，抓好落实。红河州把政务信息公开作为依法行政的重要内容，加强督查问责，着力提高实效，发挥好移民部门网站及时、权威、全面、准确发布政务信息的平台作用；四是认真办好热线电话，努力增强提升政府公信力、社会凝聚力的"软实力"。

五、增收致富，多措并举

云南省积极推进高效、生态农业发展，千方百计挖掘产业增收潜力，拓宽农

① 临沧市移民局，华诚博远（北京）投资顾问有限公司．2016-08．云南省临沧市大中型水库移民后期扶持"十三五"规划汇总报告（2016—2020 年）．

民增收渠道，通过发挥农村生态资源、人文积淀、特色产业等优势，促进传统农业转型升级，加快发展农村休闲旅游等第三产业。增加工资性收入，加大农民转移就业培训力度，切实提高农民素质和就业技能，确保农民非农就业稳定和收入水平提高。按照“放宽城镇户籍、同享城乡待遇、自愿有偿转变、分类协调推进”的要求，促进农业转移人口转变为城镇居民，有效增加农村人口人均资源占有率，拓展农业发展空间，增加农民收入。提高财产性收入，加大农民创业扶持力度，鼓励农民以房权换股权，以资金、劳务、物业权入股，盘活农村集体资产、土地及房产资源，着力优化农民收入结构。美丽乡村示范点农民人均纯收入不低于全省中上水平，居于各州（市）、县（市、区）领先水平。

云南省大力发展村集体经济，加强农村集体资金资产资源管理，支持和引导各地区开发集体资源、盘活集体资产、经营集体资金，鼓励以入股、租赁等形式发展符合农村实际的产业，壮大集体经济。鼓励有条件的村建立农业生产经营公司，探索推进村企一体化建设。在村民自愿的前提下，因劳动力转移而闲置的土地可由村集体代管。通过土地整治等新增的耕地可用于发展村集体农业产业经济。开展将政府在农村的小型工程设施投资形成的资产转为集体股份，加以有效管理，用于试点，支持村级组织和党员群众发展生产，取得收益作为集体经济收入。村集体资产为全体村民集体所有，统一经营、民主管理、收益共享，美丽乡村示范点也都有村集体资产。

图 3-10　移民集体养殖业

云南省从生产规划方面促进移民增收致富的具体措施有以下几种：

① 通过抓好以农田水利设施配套为主的基础设施建设，夯实产业发展基础。

② 在巩固提升传统种植、养殖产业的基础上，稳妥扩展种植、养殖类别，着力抓好以种养业为主线的产业提升行动。

其中，种植业发展按照调结构、稳增长、强基础的要求，坚持资源利用集约化、产业发展规模化的方针，鼓励移民从传统的散小型发展向市场化、规模化发展转变，引导移民大力开展农产品基地建设，提高规模化种植水平，加快特色农产品生产步伐，提高产品附加值，加大产业结构调整力度，淘汰低端产业，产品生产从低端型向高端化转变，加快形成产业结构多元、增收渠道拓展、规模效益明显、产品附加值高的产业发展格局。养殖业发展鼓励失地移民和耕地较少移民，大力发展养殖产业，挖掘产业生产潜力，开发养殖种类，加快生态产业建设步伐，促进产业经济从"传统产业"向"现代产业"、从"数量型"产业向"质量效益型"转变发展。

③ 积极发展加工业、旅游业等二三产业，加快发展以农产品产地初加工为主的加工业，加快推进以乡村休闲旅游为主的第三产业跨越式发展，并通过扶持移民创业等方式拓展就业渠道、增加就业岗位。

加工业发展以农副产品初级加工及特色手工业加工为基础，进一步推进农产品精深加工，加快农业产业化经营步伐。着力培育规模大、品牌响的农产品加工企业，突破农产品精深加工的瓶颈，最大程度地延长产业链，提高附加值。全面加强种苗业、种养、加工、储运等产业环节技术的自主研发，加强与国内外的技术交流与合作，提高农产品加工业的科技含量。突出大项目带动，突出发展民营经济，突出农村劳动力转移就业，进一步做大做强市域经济，增强市域统筹城乡发展的经济实力和调控能力。

发展旅游经济主要是一方面进一步搞好对外宣传，提升知名度，吸引观光、旅游人员；另一方面以旅游业搭桥，加快发展配套服务业，并开发生态农业观光园，开辟服务领域，帮助移民由农业生产转为旅游服务。结合地方特色大力发展农家乐旅游项目，初步形成接待设施体系，以及与旅游相配套的旅游餐饮、旅游休闲娱乐场所，完善旅游综合产业体系。

对于一些其他的二、三产业规划，主要是通过发展劳动密集型的农产品加工企业和流通服务业，加快二、三产业发展，促进库区移民的非农就业。一是扶持龙头企业，按照企业的生产要求和方向，指导和管理移民，发展专业生产、合作生产、规模生产，促使移民转换角色，成为企业生产第一线的员工。二是搞活商贸流通，逐步建立农副产品的专业批发中心，形成商品流通网点、农资供给网点、技术服务网点、信息咨询网点，扩大流通规模，为更多的移民加入商贸流通和农业产前、产中、产后服务创造条件。三是大力倡导自主创业，重点鼓励失地移民从事商品零售、理发、摩托车修理等起点低，初期投入少的行业，特别是鼓励具有一定学历的大中专毕业生，利用一技之长，自食其力。

④ 以产业链思维推进产前、产中、产后融合。解决产品加工、销售难题，提升农产品附加值和销量。

⑤ 积极培育新型农业经营主体。转变农业发展方式，不断优化产业结构，促进产业提质增效。

⑥ 抓好劳动力技能培训及职业教育，提高移民群众的文化素质，增加创业就业机会，增加务工收入。

另外，云南省各库区和移民安置区移民群众普遍受教育程度低，还有部分移民群众没接受过劳动技能专业培训，难以适应现代产业发展需求，在劳动力市场竞争中处于劣势，严重影响移民就业渠道和收入。要提高移民收入水平，关键是提高移民的就业技能，提高外出打工的就业率，其次就是提高其农业生产技术水平，提高农业生产效率。

云南省根据市场及移民群众需求，“十三五”争取大中型水库库区和移民安置区移民群众每户有1个以上劳动力接受劳务输出技能培训或农业实用技术培训，并有一项稳定的增收项目。

云南省通过举办讲座、个别咨询、委托学校或社会培训机构对移民进行的、文化学习与实训相结合方式培训。培训内容以提高移民劳动技能和文化素质为目的，围绕“十三五”产业发展所需，对移民急需掌握的无公害蔬菜种植技术、养殖技术（主要以猪、鸡、鱼养殖）、果树栽培技术（主要以葡萄、日本甜柿、核桃）、模板工、粉刷、砌筑、工程机械驾驶、餐饮、商住区物业管理、家政服务、市场信息的收集与应用、创业知识等内容进行培训，使移民能尽快地应用所学技能增加收入。

六、生态文明，科学发展

云南省各库区和移民安置区实施生态建设及环境保护规划建设，移民人口将直接受益，生产生活条件大为改善，生活质量显著提高，村容村貌将焕然一新，居住环境大为改观，行路难、饮水难等实际问题将得到彻底解决，环境脏、乱、差及污染问题得到消除，使移民群众能享受到城市文明，进一步拉近党同移民群众的距离，使移民群众感到为县域经济发展做出贡献的代价得到回报，进而维护社会稳定，促进经济社会协调发展，为构建和谐社会提供支持。

云南省各库区和移民安置区通过环境保护设施的建设，特别是对农村分散的生活污水、生活垃圾的处理，减少了农村面源污染，为保护库区的大气和水资源环境提供有效的保护手段，减少了水土流失，从源头上进行控制，减少后期治理费用并拉长治理周期；为移民的生产生活提供清洁的环境，减少公共卫生的风险，减少移民和社会的公共卫生支出；美化、亮化移民生产生活的村容村貌，建设美丽家园和小康社会，提供公共的环境服务，建设生态文明，为移民提供较好的生活环境条件，由此提高移民的生产、生活质量，让移民有更多幸福感。

云南省通过建设生态文明，保证科学发展。一是开展了生态文明理念及知识的普及教育。让生态文明理念及知识深入人心，融化在血液里，大大提高了人们保护生态、建设生态文明的行为意识及规范意识，认识到自然、生态与自己生产生活的关系，认识到保护生态环境就是保护人类文明，就是发展生产力，从而产生尊重自然、敬畏自然、顺应自然，保护自然，节约资源、保护环境的思想，使生态文明建设成为每个人的主流价值观，进而建设成节源、节能、节水、节地的节约型社会。二是云南省实施了库区移民家园清洁工程，着力改善人居环境。目前，金沙江中游水电开发百人以上的移民安置点按村庄规划的相关要求，建设配置了相应的污水、垃圾收集处理设施及硬化、绿化、亮化、美化工程，旨在建立管护长效机制，探索县、乡财政补助、村级集体补贴、用户适量付费相结合的管护经费保障制度，确保设施发挥作用。三是农业水利设施建设注重生态效益。水利是农业的命脉，云南省水利设施建设从规划、设计、建设等各环节，坚持从人与自然和谐的生态建设原则出发，如：减少或尽量少用水泥、混凝土及浆砌石等硬质不透水材料，多用条石等自然材质，成本会增加，但更生态，更不易损毁；再如水利工程护坡多用植被生态化护坡等新技术、新材料，沟渠要发挥湿地保护功能，禁止或限制开采地下深层水；加大了对农村废弃地、工矿用地整治，转化为生态用地，建设成生态走廊，强化饮用水源地保护等。

云南省还通过实施经济林木种植、村庄绿化和治理水土流失，提高了库区及移民安置区植被覆盖率，减少地表径流对土壤的冲蚀，有效防止水土流失和自然灾害发生；通过农村耕作制度改革，提高土壤保水、保肥能力，使耕地的质量得到改善和提高；通过种植、养殖互动发展，促进项目区自然生态系统的良性循环；通过加大农村环境污染整治力度，有效改善人居环境。总之，这些项目规划的实施，为库区及移民安置区带来了良好的生态效益。

云南省对于改善农村生态环境、提升人居环境两个方面进行生态文明建设的措施有：

(1) 改善农村生态环境

云南省积极实施国家新一轮退耕还林，加快陡坡地生态治理，推进村庄绿化、庭院美化建设，对村、路、渠、宅“四旁”和公共区进行绿化，改善村庄环境的生态质量和景观面貌。保护古建筑文物、特色民居、村内古树、大树、成片林地和文化遗产，形成道路河道乔木林、房前屋后果木林、公园绿地休憩林、村庄周围护村林的村庄绿化格局。加大了生态村、生态乡(镇)创建力度。到2018年，美丽乡村示范点村庄绿化覆盖率力争达到40%以上。分步开展沿路、沿江、沿线、沿景区的环境综合整治，强化重金属对土壤污染和水污染的防治，加大污染源治理和监测，启动重金属污染耕地修复试点，严厉打击不达标排放行为，实施农村河道的生态修复与综合治理，大力开展农村塘坝清淤整治，着力恢复河塘功能，全面改善农村水环境。加大土地综合整治，严厉打击私挖滥采及擅自占用土地和非法采石取土等行为。

(2) 提升人居环境

云南省实施以“改路、改房、改水、改圈、改厕、改灶，治理脏、乱、差”为主要内容的村容村貌整治工程，大力改善了农村人居环境。开展村内户外道路硬化，铺装水泥、石板、沥青、弹石等硬化路面。推进农村危房改造及地震安居工程，提高农村人居安全水平和防灾减灾能力。广泛开发和利用沼气、节能灶、太阳能等农村新型能源，普遍推广节水、节材、节能技术，促进农业废弃物综合利用率大幅提升。加强农村环境保护，因地制宜采用人工湿地、土地渗滤等技术处理生活污水，生活污水集中处理率力争达到70%以上。对现有农村给排水设施管网进行改造，实现管网入地。启动实施“村村通”自来水工程，坚持水量、水质并重。强化农村水源地保护，保障水质安全，健全水污染防治应急处理机制。加强垃圾收运设施建设，交通便利地区采取“户分类、组保洁、村收集、镇运转、县处理”模式，偏远地区采取灵活的减量化处理模式，严控乱堆乱放，力争农村生活垃圾定点存放清运率达 70%。引导农民单独建畜厩等附属用房或建养殖小区，实现人畜分离；引导农民养成良好的生产、生活习惯，加强病死动物无害化处理公共设施建设，积极推广畜禽养殖粪便、农业废弃物等资源综合利用，力争畜禽粪便有效处置及综合利用率达到 70%以上。以电灯、太阳能路灯、风能路灯等多种照明形式互为补充，加快推进乡村路灯建设步伐，全面提升农村亮化水平。

第四章

全面建设“美丽家园、小康库区”的探索

全面建设“美丽家园、小康库区”是全省学习贯彻党的十九大精神和省委省政府重大决策部署的重要举措。谋划好移民搬迁安置、后期扶持工作，打赢脱贫攻坚战，确保移民群众与广大人民群众一道“共同致富、齐奔小康”，实现“搬得出，稳得住，能致富，环境得到保护”的移民工作目标，必须立足省情，科学谋划，精心组织，务求实效，才能将库区和移民安置区建设成为“生产发展、生活富裕、乡风文明、村容整洁、社会和谐”的美丽家园、小康库区。

第一节　创新水利水电工程移民安置工作

一、以五大发展理念理清移民安置工作思路

习近平总书记在党的十八届五中全会第二次全体会议上的讲话中提到“创新发展注重的是解决发展动力问题，协调发展注重的是解决发展不平衡问题，绿色发展注重的是解决人与自然和谐问题，开放发展注重的是解决发展内外联动问题，共享发展注重的是解决社会公平正义问题”。我们要将创新、协调、绿色、开放、共享的五大发展理念融入到移民安置工作中，确保移民安置任务顺利完成。

(1) 坚持创新发展

坚持创新发展，不断推进理论创新、制度创新、科技创新、文化创新等各方面创新，让创新发展在库区和移民安置区蔚然成风。要把创新作为引领发展的

第一动力。在安置政策上，密切跟踪土地制度改革、新型城镇化、乡村振兴等改革和发展战略，推进生活安置、生产安置政策创新，提高安置区民生基础设施配套水平，把移民安置点建设成为更加宜居、宜业的社区。

（2）坚持协调发展

坚持协调发展，正确处理发展中的重大关系，重点促进城乡区域协调发展，促进经济社会协调发展，不断增强发展整体性。党的十九大提出“我国已经进入中国特色社会主义新时代，我国社会主要矛盾已经转化为人民日益增长的美好生活需要和不平衡不充分的发展之间的矛盾”。要坚持以移民为中心的发展思想，紧扣我国社会主要矛盾变化，贴近移民实际情况，围绕“再上新台阶、建设新库区”的新要求，突出抓重点、补短板、强弱项，加快补齐库区社会事业短板，不断增强库区经济社会发展的全面性平衡性协调性，让移民群众有更多获得感。同时应加强领导和部门协作配合，应成立由发改、财政、国土、农业、林业、交通、水利、民政、卫生、扶贫、科技等部门组成的协调领导小组，通过部门之间协调和支持，把移民生产生活和库区建设中存在的困难和问题纳入本部门的职责管理范围，做到心往一处想、劲往一处使，全面推动移民“美丽家园、小康库区”的建设。

（3）坚持绿色发展

坚持绿色发展，加快建设资源节约型、环境友好型库区和移民安置区，在移民安置区形成人与自然和谐发展现代化建设新格局，推进美丽库区建设。云南省委省政府指出“良好的生态环境是我们的生存之本、发展之基、健康之源，要走生态立省、环境优先的路子，建设天蓝、地绿、山青、水净的美丽云南”。

（4）坚持开放发展

坚持开放发展，奉行互利共赢的开放战略，积极参与合作，在积累经验中促进云南省水利工程移民工作顺利展开。坚持把开放的理念贯穿到各项库区移民安置工作中，把具有标志性、引领性的重点任务抓在手上、主动出击。以开放的思路营造各项移民安置政策顺利实施的环境，结合地方实际，在深化改革、扩大开放上下功夫，抓好重大改革举措落地，打造开放型经济新高地；以放开的合作方式利用“互联网＋”，加快互联网与移民安置的深度融合，用好大数据这个工具，大力发展分享经济和个性化服务，引领服务形式革新和服务内涵提升，重点解决库区和移民安置区农产品的市场化，建立畅通的农户＋合作社＋消费者的产品流通模式，坚持开放发展就是要以“开放”的理念推动库区内外联动，形成深度融合、同频共振的良好格局。

(5) 坚持共享发展

坚持共享发展，必须坚持发展为了人民、发展依靠人民、发展成果由人民共享，使全体人民在共建共享发展中有更多获得感，增进人民团结，朝着共同富裕方向稳步前进。各级政府要不断提高群众工作能力，注意工作方法，关心移民疾苦、倾听移民呼声、解决移民困难，引导移民群众以合理合法的方式表达利益诉求，切实维护库区社会稳定。例如，红河州泸西县“搬迁户”成了“搬迁富”的案例普遍存在着，“大家”与“小家”并不矛盾，“大家”是由“小家”组成的，二者应当是双赢的关系①。只要方法得当，措施得当，移民工作是可兼顾多方利益的。“大家”与“小家”双赢的观念，不仅会让移民动迁工作阻力减小，还能在移民后期扶持工作中从心理上诱导动迁移民致富的主观能动性。历史和实践告诉我们，移民工作不能用简单动员式的办法，必须探索妥善的方法来实现“大家”与“小家”的双赢，这才是“开发性”移民的核心思想所在。

根据五大发展理念，进一步理清移民工作思路，严把政策界限，严格政策运用，注重工作质量和效益，确保在推动移民安置工作中，把政策用足、用活、用准。

二、围绕维护移民利益，不断创新移民安置方式

（一）全面推进移民安置方式创新工作

国务院令第471号及国务院令第679号均指出，农村移民安置规划应当坚持以农业生产安置为主的原则，2007年7月，云南省人民政府办公厅以“云政办发〔2007〕157号”在国内率先提出了“创新移民安置思路，坚持实事求是，因地制宜，多渠道、多形式妥善安置移民；实行前期补偿、补助与后期扶持，使移民生活达到或者超过原有水平”的指导思想，规定并明确了县内农业移民安置方式、城镇化安置、养老保障安置、自行安置、外迁生产安置等五种安置方式，由此，云

① 水工程移民和水利扶贫网. 2015-09-06. 移民工作中值得注意的三个问题—由移民大县泸西引发的移民工作思考. http://sym.mwr.gov.cn/lltt/201509/t20150906_722119.html

南省走出了多种安置方式并举的安置新模式。

2015年,《云南省人民政府关于进一步做好大中型水电工程移民工作的意见》(云政发〔2015〕12号)提出,坚持以人为本的科学发展观,以现行法律法规和移民政策为基础,以"服务移民、支持建设"为主线,以创新移民工作体制机制为动力,以"完善移民政策体系、依法实施移民安置、加大后期扶持力度、增强移民发展能力"为着力点,全面促进移民生活水平有新提高、库区和安置区经济社会发展迈上新台阶。针对我省耕地资源匮乏、人地矛盾突出、民族区域性强的特点,在建、新建的大中型水电工程农业移民可实行逐年补偿安置方式。因地制宜选择农业安置、逐年补偿安置、第三产业安置、货币安置、复合安置、城(集)镇安置、集中安置、分散安置等多种安置方式,不断创新和完善多渠道、多形式的移民安置方式。

多种安置方式并举的移民安置方式可有效缓解土地资源紧张矛盾,较少受到工程项目和安置区域自然资源制约,突破大农业安置硬性约束条件和法规约束,在农业安置同时结合二、三产业,尤其对那些本来就从事非农产业的移民经营户来说,非农业安置的阻力就会相应减小。多种安置方式并举的方式加快了地方经济结构调整,解放了劳动力,加快农村劳动力向二、三产业转移,并通过技术培训等方式,使移民收入成倍增长。例如,青山嘴水库移民安置主要采取城市楼房安置、宗地安置、农业安置、自行安置4种方式。通过持之以恒、抓社会治理,实行网格化管理和实施"十个一批"移民就业工程,移民生活水平明显提高,人均收入逐年增长,截至2015年底,移民人均年纯收入从搬迁前的3 264元上升到1.06万元,实现了"搬得出、稳得住、能发展、会致富"的目标要求,被水利部水库移民开发局列为全国、全省水库移民城镇化安置的一个典型范例。

水利水电工程建设一般都是任务重、时限性强,多种安置方式并举的移民安置方式可有效减轻地方政府的工作压力,减轻移民搬迁安置的难度,节省前期工作的时间,减轻项目业主与地方政府之间的摩擦,项目业主和地方政府的关系越来越密切,项目业主得到的支持力度越来越大,促使项目尽快上马,发挥工程效益。例如,乌东德水电站建设征地涉及楚雄州元谋县、武定县、永仁县3个县的8个乡镇,需搬迁安置移民近1.5万人。自2010年开展前期工作以来,通过各级政府和移民工作部门的共同努力,按照省政府的部署和要求,以农业安置、逐年补偿安置、复合安置、自行安置 4 种方式全力推进移民搬迁安置规划，乌东德水电站建设项目仅用 4 年时间就通过了国家核准。

多种安置方式并举让移民的“选择权”得到了更多的体现。原有的以农业为主的生产安置方式，由于必须要为移民配置相对较多的耕地，可供选择的移民安置点就非常有限，经常要跨乡、跨县、跨州寻找合适的移民安置点，导致移民在毫无选择权的情况下背井离乡、远离故土，抵触情绪非常大，这就是以前有些看上去条件非常好的安置点，可移民就是不愿去，去了也不稳定的原因所在，而云南省多种安置方式并举的转变，为移民提供了多种可供选择的安置方式，且由于配置相对较少的生产用地，选择安置点就相对容易，很多可以本村后靠安置，基本不需要跨县安置，移民的选择权得到了更多的体现。

（二）全面推行大中型水电工程逐年补偿移民安置方式

由于云南省耕地匮乏，人地矛盾突出，若仅靠“以土为主安置”的农业生产方式安置移民，则资源环境容量无力承载。国务院令第 471 号规定“农村移民安置后，应当使移民拥有与移民安置区居民基本相当的土地等农业生产资料”，然而，这一规定在云南省很难执行。水电工程淹没区大部分为少数民族区域，云南省少数民族区域性强，少数民族特有的风俗习惯与其生活的地域息息相关，外迁安置非常困难。

云南省制定的逐年补偿移民安置方式是从解决移民最关心、最直接、最现实的利益问题出发，把经济发展成果更多地体现在改善民生上，使广大移民的生活水平有了跨越式的提高，得到了广大移民群众和各级地方政府的积极拥护。因此，移民安置逐年补偿移民安置方式从根本上破解了全省的移民安置难题。逐年补偿移民安置方式正式出台后，得到了库区各级地方政府和移民群众的积极拥护，迅速在全省推广贯彻。

逐年补偿移民安置方式与大农业安置对比，逐年补偿安置具有六个方面的优越性：

① 逐年补偿安置方式降低了移民安置工作难度。一方面采用逐年补偿安置方式后的移民搬迁人口将一定程度减少；另一方面，采用逐年补偿安置方式安置移民的土地资源的需求将小于农业生产安置方式的需求，逐年补偿安置方式在土地配置方面工作的难度将小于农业生产安置方式。

② 逐年补偿安置方式使移民有一个稳定的基本生活保障基础。采取逐年补偿安置方式后,移民能按时领到一份稳定的基本生活“收入”,使移民在逐年补偿安置方式解决其基本生活的基础上,释放出了大量的劳动力,能在库区及周边产业发展中或外地寻求更多的就业机会,从而增加了家庭经济收入,为移民增加了较为广阔的发展空间,为移民脱贫致富,全面进入小康社会创造条件。

③ 逐年补偿安置方式可以最大限度地管理使用淹没线上剩余资源。逐年补偿安置方式减少了搬迁移民人口数量,移民可以不搬迁或就地后靠安置,能最大限度地利用淹没线上剩余的各种资源,为恢复和提高生产生活水平提供了有利的基础条件。

④ 逐年补偿安置方式大幅提高了移民安置工作效率。逐年补偿安置方式有效扭转了移民安置工作滞后的被动局面,以选择移民住宅用地为重点,不再把生产用地作为决定要素来考虑,使移民安置点的选择简便快捷,提高了移民安置规划编审及搬迁安置工作的进程,有力地推动了水电工程建设。

⑤ 逐年补偿安置方式有利于提高移民安置区可持续发展能力。逐年补偿安置方式解放了大量的劳动力,有利于开拓和发展移民可以广泛参与的优势产业,让优势产业支撑库区经济社会可持续发展,实现移民与库区及周边、移民与地方经济、水电开发与地方经济社会协调、可持续发展,真正做到“建设一座电站,带动一方经济,保护一片环境,致富一方移民,造就一代新人”,确保了库区和移民安置区经济社会稳定发展。

⑥ 降低了水电项目法人的贷款压力。一方面,无论采用哪种逐年补偿资金支付方式,都从实际上减少了建设期项目法人的资金支出,另一方面,由于外迁移民的减少,节约了建设新的安置点的大量基础设施建设资金,从而减少了法人建设期贷款的数量,降低了业主的贷款压力。

（三）不断完善水电工程逐年补偿安置方式政策

逐年实物补偿是根据征用耕地实际情况,确定耕地产品和产量,逐年发放粮食或按照各年市场粮食价格发放购买粮食的货币的安置方式。云南省逐年货币补偿安置是对征用的耕地按产值进行逐年补偿,由农民自己把所获得的补偿费用于解决生产生活;对耕地以外的土地还是按照目前的有关政策规定实行一次性补偿,不做具体的生产安置规划,由各村民组用所得补偿费用自行发展生产。

云南省逐年货币补偿是在总结我国大中型水电工程实施的长期实物补偿等移民安置方式的实践经验基础上提出的一种创新的安置方式。云南省是第一个在全省范围推行采用货币方式进行逐年补偿的省，与粮食等实物相比，货币是一种更为通用和易于接受的补偿方式，采用货币补偿避免了由于实物质量、等级不同造成的分配不平衡或移民接受程度不高等问题，采用货币方式进行补偿，移民接受程度更高。

采用货币方式进行逐年补偿可以增加移民所得的补偿费用，增加移民投入。例如，金沙江阿海水电站（云南部分）经分析计算，农业安置方式移民所得的补偿费用共计 6.73 亿元，以逐年补偿为基础的安置方式按云政办发〔2007〕159 号估算移民所得的补偿费用共计 9.4 亿元，在移民安置补偿费上，逐年补偿方式比传统农业安置方式要高。

三、围绕按期完成搬迁安置，不断创新移民工作方式

（一）科学编制移民安置规划

始终把移民安置规划摆在重要位置，在认真做好实物指标调查工作的基础上，科学制订移民安置规划方案，在全面分析库区和安置区经济社会和资源环境承载能力的基础上科学规划，加强与区域经济和社会发展规划、城市（集镇、村庄）总体规划、环境保护规划和产业规划布局的衔接，确保有利生产、方便生活，保障移民长久生计和长远发展，从源头上解决搬迁中的困难和问题。

（二）严格目标责任制管理

根据国家和省政府确定的下闸蓄水时间和目标任务，按照目标项目化、项目责任化、责任具体化的要求，坚持做到分解立项 100%，督查督办 100%，结果反馈 100%，实行确立一项重点项目、一个主要责任领导、一个主要责任部门、一个直接责任人、一套班子一抓到底的“六个一”工作责任机制。在对控制性节点进行时间倒排，实施目标倒逼进度管理的基础上，做到工作任务、责任领导、督办人、主办人、协办人、时限要求“六明确”。在工作中，各级移民干部根据“六个一”“六明确”的要求，深入库区包村联户，面对面地帮助移民解决实际困难，有力地推动了工作开展。

（三）加强督促检查和协调工作

省政府把移民工作纳入工作督查范畴，坚持严肃督查纪律、严肃督查内容、严肃督查方法的“三严肃”方针，重点水电项目年初由省政府下发年度工作计划，由省政府督查室牵头每月组织一次督查，督查报告直接报省政府领导。省移民局抽调精干人员组建工作组，加强调查研究、加强督促检查、加强协调服务，做到每半个月到重点项目现场协调解决重大问题一次，每10个工作日向省政府报告一次工作进展情况，实现了工作组驻扎现场的工作常态化、制度化。建立完善现场协调机制，对工作中出现的重大问题，省政府分管领导亲自过问、省移民局具体负责，与各州市党委政府、项目法人、设计单位共同研究协商处理。

（四）实施目标责任激励机制

根据每年年初省政府与各州市签订的移民目标责任书，每年组织一次目标责任考核，重点考评各州（市）政府和移民工作机构履行移民工作职责、提高服务协调质量、推动移民增产增收等方面的情况，根据考核结果兑现年度移民工作目标责任奖，有效调动了各级政府和移民系统的积极性。

四、围绕化解矛盾，推动信访维稳工作创新

（一）严格落实信访维稳责任制

切实按照“属地管理、分级负责”的原则，始终把信访维稳工作与移民工作同部署、同检查，定期对移民维稳工作进行专题研究、重点安排和督促检查，严格督促落实事故预防、安全检查、奖惩激励和责任追究等制度，通过明确各级职责、层层细化责任、逐级强化督查，形成常抓常议、上下互动、合力推动的良好局面。同时，严格落实移民安置社会稳定风险评估管理办法，把完成社会稳定风险评估作为水利水电项目移民安置规划审查的前置条件，从源头上做好风险防控工作。

（二）认真落实首问、首办责任制

深入开展矛盾纠纷排查化解工作，坚持每周对各州市移民局上报的移民信访稳定信息进行汇总分析，每月对各州市移民矛盾纠纷情况进行摸排分析，每季度进行汇总研究，每半年开展一次集中排查调处。在信访问题突出

的地区投入维稳经费较多，逐案逐人建立台账，明确责任领导和责任处室，及时制定教育和转化工作方案，严格落实"五包责任制"，综合运用政策、法律、经济、行政等手段与教育、协商、调解、疏导等办法解决移民诉求，有效化解了群众矛盾。

（三）着力扩大信访维稳工作覆盖面

按照"分级、分类、分工"的原则，采取条块结合、以块为主的方式，在全省库区和安置区划分了300多个信访维稳网格，把库区基层党组织、移民系统、信访系统和移民群众全部纳入网格进行管理，实现了管理区间、管理对象、管理环节的全覆盖，使得95%以上的问题解决在首办环节、化解在基层和属地，移民群众反映的合理诉求基本上得到了妥善解决，移民大规模集体上访和群体性事件都得到了迅速平息和有效化解，全省移民维稳形势总体上实现了平稳可控。

五、围绕加强能力建设，进一步创新移民工作机制体制

（一）强组织打基础

在严格落实政府领导、分级负责、县为基础、项目法人参与的移民安置工作机制的基础上，云南省加强高层设计，完善机制体制，进一步充实加强省移民工作领导小组，督导各级移民管理部门、各州市（县区）政府、各级移民工作领导小组各成员单位和项目法人履行好相关职能。在省委、省政府的关心支持下，2006年，省移民开发局由副厅级升格为省政府直属的正厅级参公管理事业单位，全省16个州（市）、84个县（市、区）设立了移民管理机构，另有45个县（市、区）成立了移民工作临时机构，认真履行移民安置和后期扶持工作的管理、监督、协调和服务职能，进一步夯实了移民工作基础。

随着云南省大中型水利水电工程移民工作进入攻坚阶段，相关州市要不断创新移民工作机制体制，灵活配置移民工作处室和人员，采取"项目制"的工作方式，集中力量，做好移民搬迁安置工作。同时，针对部分已经完成或者水利水电工程移民工作任务较轻的州市县移民部门，要适时调整机构设置，加大力度配置后期扶持工作人员，选拔优秀的懂规划、懂项目管理工作人员，择优录用，择优提拔，认真做好移民部门内部组织管理工作。

（二）建机制提效率

针对新形势下移民工作领域越来越广、任务越来越重与移民系统力量有限的矛盾，分别制定出台了《云南省移民工作领导小组成员单位职责》等工作制度，积极探索“政府统一领导、部门齐抓共管、业主积极参与、运行机制完善、保障措施有力、工作网络健全”的大移民工作格局。同时，研究制定了移民工作各有关单位、部门的工作职责，采取分类别、分层次、分阶段的方式完善和规范移民工作管理；采取联审联批、并行联审、批量审查等多种有效措施，进一步规范了移民安置规划大纲、移民安置规划审查和审核程序；下放行政审批权限，明确中型及以下水利水电项目以州（市）或县（市、区）为责任主体签订移民安置协议，明确把州（市）审批移民扶持项目资金上限提高到200万元，简化了审批程序，进一步提高了工作效率。

（三）抓宣传树典型

着力提高对舆论宣传的引导能力，加大移民法规政策宣传力度，构建了《云南日报》专版、《云南移民》杂志、局机关门户网站三大宣传平台，建立了全省移民系统宣传工作通讯员队伍，充分利用和发挥报刊、杂志、电视、广播和网络的宣传作用，突出了移民工作亮点和特点宣传，营造了良好的正面舆论宣传氛围。2012年以来，通过在《云南日报》刊登了移民工作专版，发行《云南移民》杂志，局机关门户网站发布移民工作信息，在库区和安置区设立移民宣传栏，举办全省移民工作专题宣传片和摄影比赛，扩大了宣传影响，赢得了社会各界对移民工作的理解支持。

按照全面建设“美丽家园、小康库区”的战略部署，试点先行，典型引路，大力推广“美丽家园、小康库区”典型经验，加大宣传力度，使全面建设“美丽家园、小康库区”工作深入到每一个库区和移民安置区，扎实推进建设工作。

（四）抓学习转作风

以创建学习型、服务型、创新型干部队伍为目标，努力提升干部业务能力水平和促进机关作风转变。以“内强素质、外树形象”为要求，积极开展了机关“作风建设年”“学习提升年”“落实进步年”主题活动；严格规范开展了处级领导干部竞争上岗工作，启动实施了干部轮岗制度；分层次、分类别加大对各级移民干部队伍的业务技能培训力度，开展“和谐高效的机关团队建设”培训和各类业务培训、专题讲座，营造了扎实学习、务实高效、清正廉洁的良好氛围。

“移民无小事，后扶是大事”。移民的发展是一项复杂的系统工程，地方政府主导重视是前提，各相关部门共同给力是关键。因此，必须认真贯彻落实国家14部委《关于促进库区和移民安置区经济社会发展的通知》(发改农经〔2010〕2978号)精神，广泛与相关部门沟通，形成全社会共同重视移民工作、共同关心库区和移民安置区发展的良好氛围，将库区和移民安置区经济社会发展同社会主义新农村建设等有机结合，整合项目资金，形成合力，共同推进移民群众发展致富。

第二节　精准实施后期扶持

“十三五”期间云南省大中型水库移民后期扶持工作将在省委、省政府的正确领导下，在水利部移民局的关心帮助下，在大中型水库移民后期扶持“十三五”规划的指引下，以解决移民群众最关心、最直接、最现实的困难和问题为出发点，积极引导移民利用直补资金发展生产，利用项目资金改善库区和移民安置区的生产生活条件，从而实现库区和移民安置区“天蓝、地绿、水净、村美、人富”的目标。

一、打造移民增收致富产业

云南省将立足地方实际，大力发展移民产业，促进“三江”流域特色农业产业的发展，并持续推进移民产业示范点建设。与此同时，鼓励全省各地积极创新产业扶持的方式方法，加大对移民产业发展的扶持，发挥云南移民产业投融资有限公司的作用，实现移民收入增长方式从“输血式”向“造血式”转变。

(一) 农田建设项目

1. 基本口粮田建设

基本口粮田建设拟提高土地利用效率，增加产出。在云南省重点库区和移民安置区开展基本口粮田建设，建设内容包括蔬菜基地、土地综合整治、产业配套设施建设(机耕路)、中低产田改造4类。基本口粮田建设应依照土地利用总体规划和土地整理专项规划的要求，采取行政、经济、法律和工程技术手段，调整土地利用和社会经济关系，改善土地利用结构，科学规划，合理布局，综合开发，提高土地的利用率和产出率，确保经济、社会、环境三大效率的良性循环。

2. 农田水利配套设施建设

农田水利配套设施建设旨在通过修建农田水利设施服务于农业生产活动，以提高耕地质量。水利、国土、农业和移民部门依据《农田排水工程技术规范》(SL/T4—1999)、《雨水积蓄利用工程技术规范》(GB/T50596—2010)、《水土保持综合治理技术规范》(GB/T16453.1～6)等规范性文件，进行坝塘修复，配套灌溉设施，进行排水排涝设施建设，加强水库除险加固，加快干渠和泵站建设。农田水利配套设施建设为改善库区和移民安置区生产生活条件和保证高产稳产创造良好的条件，解决库区和移民安置区的生活用水和农作物灌溉用水。

（二）生产开发项目

在云南省的16个地级行政区划单位实施包括种植业、养殖业、旅游业、加工业和其他二三产业5类的生产开发规划项目。各个地级行政区划单位可根据地方实际情况，大力发展对应项目。无论开展何种生产开发项目，最终的目的都是解决移民村移民及连带人口的就业，促进移民收入增加，改善移民生活条件。

① 种植业生产开发。针对大部分移民库区山多田少，土地产出率低；移民安置区人均耕种土地面积少，种植结构单一，增收渠道窄的现状。库区可以结合实施中低产林改造，积极推进山地开发，因地制宜，全面统筹，打破移民村组界线，创建科技示范园区，以基地建设作支撑促进优势特色种植业的发展，实现移民持续增收。随着市场竞争日益激烈，对果品质量要求越来越高，库区需要以市场为导向，按照生态农业、现代农业的发展理念和建设要求，转变传统农业生产方式，调整产业及产品结构，优化区域布局。并引进科学的养殖技术和管理方法，促进种植业增速发展，提高效益，最终发展成优质经济林果种植示范基地，使之成为移民村的主导产业，带动其他移民村林果种植的发展。

② 养殖业生产开发。受特殊地理位置和气候条件影响，在适宜发展养殖业的库区，鼓励失地移民和耕地较少移民，大力发展养殖产业，选择具有地方特色的养殖品种，特别是选择移民习惯养殖的畜禽作为主要品种，包括肉牛、生猪、

山羊、家禽等。通过技术指导和新品种的引进，进一步促进畜牧业的发展。在养殖方式上主要以建立养殖小区、进行集中养殖为主。在不影响水环境的前提下，发展库区水产养殖，使得“移民”转变为“渔民”。挖掘产业生产潜力，开发养殖种类，加快生态产业建设步伐，促进产业经济从“传统产业”向“现代产业”、从“数量型”产业向“质量效益型”转变发展。

③ 旅游业生产开发。部分库区景色优美，空气清新，是游客们热衷的旅游景点。库区可以依托当地的旅游资源优势，将库区秀美山水田园风光与绿色林果业、生态养殖业及民族文化深度融合，大力扶持移民发展农家乐、创建高原特色生态农庄、开发水上游等旅游项目，促进旅游业的发展。发展旅游经济一方面进一步搞好对外宣传，提升知名度，吸引观光、旅游人员；另一方面以旅游业搭桥，加快发展配套服务业，并开发生态农业观光园，开辟服务领域，帮助移民由农业生产转为旅游服务。结合地方特色大力发展农家乐旅游项目，初步形成接待设施体系，以及与旅游相配套的旅游餐饮、旅游休闲娱乐场所，完善旅游综合产业体系。通过发展旅游将库区打造成乡村旅游的示范区。

④ 加工业生产开发。大部分库区的加工业附加值较低，为了改变这一现状，促进加工业的发展，需要以农产副产品初级加工及特色手工业加工为基础，进一步推进农产品精深加工，加快农业产业化经营步伐。着力培育规模大、品牌响的农产品加工企业，突破农产品精深加工，最大程度地延长产业链，提高附加值。全面加强种苗业、种养、加工、储运等产业环节技术的自主研发，加强与国内外的技术交流与合作，提高农产品加工业的科技含量。突出大项目带动，突出发展民营经济，突出农村劳动力转移就业，进一步做大做强市域经济，增强市域统筹城乡发展的经济实力和调控能力。

⑤ 其他二、三产业生产开发。通过发展劳动密集型的农产品加工企业和流通服务业，加快二、三产业发展，促进库区移民的非农就业。一是扶持龙头企业，按照企业的生产要求和方向，指导和管理移民，发展专业生产、合作生产、规模生产，促使移民转换角色，成为企业生产第一线的员工。二是搞活商贸流通，逐步建立农副产品的专业批发中心，形成商品流通网点、农资供给网点、技术服务网点、信息咨询网点，扩大流通规模，为更多的移民加入商贸流通和农业产前、产中、产后服务创造条件。三是大力倡导自主创业，重点鼓励失地移民从事

商品零售、理发、摩托车修理等起点低，初期投入少的行业，特别是具有一定学历的大中专毕业生，利用一技之长，自食其力。

（三）创业支持项目

为进一步加大云南省水利水电移民生产开发的扶持力度，调动移民发展产业增收致富的积极性，加快实现移民“搬得出、稳得住、逐步能致富”的移民安置目标，云南省应充分利用区域内市场资源，探索适合当地的后期扶持资金经营模式，使移民后期扶持项目规模化、区域化、有特色、有品质、有效益，鼓励移民参与后期扶持项目运营，鼓励移民自主创业，使移民成为市场的主体，增强自我积累、自我发展的能力。并通过移民就业创业贷款贴息、以奖代补、评先奖优等优惠政策，着力促进移民就业创业。

二、加强移民技能培训和职业教育

云南省对移民的教育培训实行分级管理：省级主要负责移民职业教育管理工作；州（市）主要负责劳动力技能培训；县级主要负责农业实用技能等培训。

（一）移民职业教育

移民职业教育项目旨在完善教育体系，提高移民素质。努力扩大农村学前教育资源、提升教育管理水平和保教质量；均衡推进九年义务教育发展，巩固农村义务教育普及成果，全面提升农村义务教育保障水平，增加农村优质教育资源总量，充分利用教育信息化扩大优质教育资源覆盖面；除在库区和移民安置区普及学前教育、九年义务教育外，还关注为移民提供职业教育，增强移民就业竞争力。推进教育资源合理配置，逐步缩小城乡中小学生人均公用经费差距，促进县域内校长、教师合理流动；采用对口帮扶、送教下乡、远程教育等方式，提高农村教育管理水平和教学质量。云南省需要继续开展大中型水库移民后期扶持职业教育招生工作，通过免除学费、补助生活费和住宿费、发放特困补贴、安排奖学金，为移民搭建一条规范、有序、良性运转的智力扶贫平台，打通贫困移民转移就业渠道。

（二）劳动力技能培训

科学合理地推进移民技能培训工作，着力加大水库农村移民技能培训工作力度，进一步提升技能培训质量和移民劳动力技能综合素质，强化精准培养移民致富能手。移民、人社和教育部门需要根据移民劳动力培训需求，衔接当地职业教育和农民工培训规划，在最短时间内让有培训需求的移民劳动力都得到一次以上的技能培训，掌握一项以上适应创业就业需要的实用技能。政府部门需要积极探索购买培训服务的机制，鼓励有条件的地区推行培训券（卡）和持证报销等有利于移民灵活选择培训项目、培训方式和培训地点的办法。为了引导更多的人参与就业培训，切实保障各项培训的落实，各级政府部门需要创新教育培训管理体制，为移民搭建就业技能培训平台，实现移民家庭人员的顺利就业。

（三）农业实用技能培训

农业事业技能培训直接关系到移民农业生产质量。为进一步增强移民培训的针对性和实效性，让参加培训的移民学员全面熟悉和掌握一定的科学种养知识，增强自我发展能力，需要组织开展实地考察，发展移民培训基地，创新培训手段，拓宽培训渠道，丰富培训内容，培训内容包括养禽及禽病防治、养猪实用技术、牛羊饲养技术、动物疫病防治、生态养殖、肉食品安全等。激发群众脱贫动力和生产技能提升实现了二者的双向互动，对贫困移民的资源价值提升将起到积极的作用。

移民掌握技能是为了顺利就业，为此，各级政府部门需要充分发挥市场在促进就业中的作用，建立培训与就业衔接机制，组织开展灵活多样的订单培训和定向培训，增强培训的针对性和有效性。

三、推进移民新村建设

根据《云南省大中型水库库区和移民安置区基础设施建设和经济发展规划纲要（2011～2015 年）》，结合十九大提出的“乡村振兴战略”，推进省级和地方移民新村建设，打造更多文明村。

（一）基础设施项目

1. 饮水安全项目

人畜饮水安全项目重点解决库区和移民安置区喝水难的问题。解决饮水问题不仅要关注水量，还要综合考虑水质、取水便捷程度等问题。合格的饮水项目应该在水质（标准不低于《农村实施〈生活饮用水卫生标准〉准则》）、水量

（≥20 升为安全）、方便程度（取水距离≤800 m 为安全）和供水保证率（≥90%为安全）四项指标上达标。通过开展饮水安全项目，对自然村内各饮水点，特别是水源地的水质实施改善措施。并通过修建水管的方式，将符合要求的饮用水引入移民户家中。

2. 道路交通项目

道路交通项目对移民村进村主干道、村内道路开展道路硬化，铺装水泥、石板、沥青、弹石等硬化路面，改善交通不畅，硬化不足的问题。完善库区和移民安置区的村庄道路建设，解决村组内外的交通畅通、道路硬化及帮助移民加快产业发展等问题是移民群众多年的愿望。需要继续加大道路投入，加快库区和移民安置区的村庄道路建设步伐，提高移民村组道路硬化率，为移民产业发展打下坚实的基础。道路交通项目的实施给库区和移民安置区群众、村民出行、生产生活带来了极大方便，为库区及移民安置区经济建设的发展做出了贡献。

3. 供电项目

针对部分移民村无公共照明和供电线路老化严重问题，开展亮化项目和电网改造项目，以电灯、太阳能路灯、风能路灯等多种照明形式互为补充，加快推进乡村路灯建设步伐，方便移民的出行，全面提升农村亮化水平，解决了用电问题，并减少安全隐患，确保移民生命财产安全。

4. 通讯广播项目

通讯广播项目包括广播电视宽带“村村通”项目和通讯项目。广播电视宽带村村通项目将有效解决地处偏远的库区和移民安置区移民听广播、看电视难的问题以及推进村内宽带普遍服务，提高宽带接入率、网络速率和宽带普及率，加强 3G 网络纵深覆盖；通讯项目主要通过在库区和移民安置区安装基站的方式，改善移民的通讯条件，方便与外界的联系。

（二）公共服务项目

1. 文化项目

开展文化项目，可以满足移民精神层面的追求。随着社会经济发展和人民群众生活水平的提高，在解决了温饱问题前提下，移民群众对精神层面需求日益明显，为满足移民村组群众的精神生活，缩小城乡差距，以修建文化活动中心或特色文化广场等项目作为载体，开创政府和民众互动的新思路，不但可以丰富移民群众文体生活，提高责任意识，还可以普及科技文化知识，提高素质，有力促进农村经济社会协调发展。

农村集中安置点文体娱乐设施应集国家政策宣传、体育锻炼、图书阅读、科普知识传播、地方特色文化活动等功能于一体，除了相关硬件设施以外，还应配套组织多样的文化活动。发展文化项目还需大力实施边疆解“五难”文化活动、文化信息资源共享、农村电影放映、基层“两馆一站”免费开放等文化惠民工程。推进文化信息资源共享工程建设，建立覆盖乡镇的文化信息资源网络传输系统。积极推进农村综合文体广场、文化室和文化大院建设，让文化阵地逐步覆盖中心村和人口聚集的自然村。引导城市文化向农村辐射，深入开展“送图书、送电影、送戏曲”活动。通过开展一系列文体活动，满足安置区域内居民不断增长的精神文化生活需求。

2. 住房改善项目

改革开放以前，由于种种原因和当时条件限制，导致库区移民在搬迁安置后存在许多遗留问题，如移民住房标准低和条件差，为了改善移民的居住条件，为移民提供安身之所，尽可能解决库区和移民安置区的住房安全问题，从2008年起，住房城乡建设部、国家发展改革委、财政部联合开展了农村危房改造工作，根据房屋的破损程度采取拆建或改造工程。对库区长期无人管理，年久失修的房屋进行拆除，以消除安全隐患，确保群众生命财产安全；对需要改造的危房采取加固、修缮等方式，以降低危房等级，危房改造项目已经成为后期扶持规划的重要环节。圆满完成农危改任务，需要规范民居建设，保障重点对象，多方筹措资金，全面落实政策，以对党和人民高度负责的精神建好群众“保命房”。

推进地震安居项目，可以提高移民防灾减灾能力。该项目考虑到云南山地地形，地震多发，通过对移民房屋加固、对已知地质灾害地段的库岸防护工程扩建和加固以及购置地质灾害监测设备等方式，有效提升居住安全性。

3. 医疗卫生项目

医疗卫生项目主要包括乡(镇)、村级卫生服务设施建设、疾病预防、传染病监测等内容，旨在通过以上措施提升库区和移民安置区医疗卫生服务质量，改善卫生环境。开展医疗卫生项目需要推进乡(镇)卫生院、村卫生室标准化建设，继续开展二级以上医疗机构对口支援乡(镇)卫生院工作，促进基本公共卫生服务均等化。全面加强人口和计划生育工作，实现免费孕前优生健康检查全覆盖。从而改善移民村人口的就医条件，提高移民村居民的健康水平。

4. 社会保障项目

移民村移民迫切需要医疗和养老保障。云南省需要继续推进农村社会保障工作，稳步提高农村低保、新型农村合作医疗的筹资和保障水平，扩大医疗和养老保障的参保范围，让更多的移民晚年生活得到保障。

（三）社会管理项目

1. 加强基层组织建设

选优配强村“两委”班子，建立村务监督委员会，不断优化村干部队伍结构。以深入开展党的群众路线教育实践活动为契机，扩大农村基层党组织的组织覆盖和工作覆盖，重点抓好农民合作组织等薄弱领域党建工作。逐步提升村干部“一定三有”保障水平。推进农村基层服务型党组织建设。推行边防民警兼任村官制度，开展边境地区“警地共建”工作。坚持完善干部直接联系和服务群众制度，选强用好新农村建设工作总队长、队长、指导员、常务书记。继续选聘高校毕业生到村任大学生村官。加强城乡基层党建资源整合，支持有条件的村民小组建设活动场所。完善村级组织运转和基本公共服务经费保障制度。加强农村党风廉政建设，坚决查处和纠正涉农领域侵害群众利益的腐败问题和加重农民负担行为。

2. 健全村民自治机制

结合村庄撤并，探索中心村和新型农村社区辖区内村民自治组织设置模式。继续推行“四议两公开”工作法，结合实际创新载体，提高民主议事、民主决策、民主监督的实效。健全村民会议和村民代表会议、村务公开、村民议事、村级财务管理等自治制度，加强美丽乡村新农村建设理事会、村老年协会等社会组织建设，发挥农民的建设主体作用。积极开展民族团结进步示范村和跨行政区域的民族团结示范区创建，大力开展民族团结警民共建活动。

3. 创新农村社会管理

顺应人口相对集中、居住相对集中，村庄数量减少、规模扩大的趋势，创新农村社区服务管理机制，培育新型社会管理组织，探索“拆村并点”或建设过程中村民集中居住后民心融合、村民自治、集体资产管理的新机制。根据农村人口居住情况，以农村社区（村委会）为单位，按照农民经济身份与社会身份分离、农村集体经济组织成员身份与权利不变，以及社区居民属地化管理的原则，探索中心村组织机构设置新模式。健全完善农村“三资”管理制度，在有条件的地方，推进村集体资产折股量化的综合性股份制改革试点，探索组建以资产为纽带的村级股份经济合作社，逐步建立现代农村集体经济产权制度。

（四）创建平安库区

水库移民群体特殊，矛盾纠纷复杂多样。水库移民作为非自愿移民等靠要的观念一时难以消失，矛盾纠纷易发多发。一方面，移民的矛盾纠纷往往是合法的诉求与不合法的表达方式交织在一起；多数人的合理合法诉求与少数人的无理取闹交织在一起；新问题与旧问题交织在一起；移民问题与非移民问题交织在一起，矛盾互相交织，使问题处理的难度加大。另一方面，移民对共同的利益诉求容易产生共鸣，个别和分散的矛盾容易产生聚集。随着网络、通讯的发达，移民矛盾纠纷影响的联动性越来越广越强，往往是哪个地方政策突破口子，很容易因移民之间攀比等因素影响到其他库区，不仅是省内相互影响，甚至全国范围内都会相互影响。在这样的背景下，需要重视库区的社会稳定问题，通过创建“平安库区”，最大限度地减少库区不和谐因素，加大库区社会管理，为移民创建安全、和谐的生活环境。

云南省应按照建设“平安云南”的部署安排，以维护库区和移民安置区社会和谐稳定为目标，以“平安库区”创建为抓手，扎实做好移民综治维稳工作。明确目标，牢牢把握创建工作方向；改善民生，夯实平安库区群众基础。在“平安库区”创建工作中，找准民生的薄弱点，扭住民生的关键点，抓好民生的根本点；源头治理，注重利益关系协调。着力构建以人为本的移民工作机制，加强利益关系协调，严格依法按政策办事，从政策层面协调利益关系，推进库区社会管理工作；排查整治，有效化解矛盾纠纷。把排查化解库区矛盾纠纷作为创建“平安库区”的重要措施，作为加强库区社会管理的重要基础性工作，推进排查工作常态化，化解矛盾制度化，信访办理规范化；强化责任，创新维稳长效机制。着眼丁长治久安，建立健全风险评估、排查化解、舆情研判、预知预警、责任奖惩、应急处置等长效机制。

（五）生态建设及环境改善项目

1. 清洁能源项目

清洁能源项目将在库区和移民安置区建造相关设施以鼓励移民使用清洁能源，保护生态环境。考虑到云南农村地区实际情况，建设内容主要包括沼气池建设和太阳能入户项目。广泛开发和利用沼气、节能灶、太阳能等农村新型能源，普遍推广节水、节材、节能技术，促进农业废弃物综合利用率大幅提升。

2. 水资源使用项目

加强农村环境保护，因地制宜采用人工湿地、土地渗滤等技术处理生活污水，生活污水集中处理率力争达到70%以上。对现有农村给排水设施管网进行改造，实现管网入地。启动实施“村村通”自来水工程，坚持水量、水质并重。强化农村水源地保护，保障水质安全，健全水污染防治应急处理机制。

3. 垃圾收运设施建设项目

加强垃圾收运设施建设，交通便利地区采取“户分类、组保洁、村收集、镇运转、县处理”模式，偏远地区采取灵活的减量化处理模式，严控乱堆乱放，力争农村生活垃圾定点存放清运率达70%。

4. 畜禽设施建设项目

引导农民单独建畜厩等附属用房或建养殖小区，实现人畜分离；引导农民养成良好的生产生活习惯，加强病死动物无害化处理公共设施建设，积极推广畜禽养殖粪便、农业废弃物等资源综合利用，力争畜禽粪便有效处置及综合利用率达到70%以上。

5. 改厕项目

通过无害化公测建设和农户改厕，改善农户居住环境，建设美丽乡村。无害化公厕建设项目将对库区和移民安置区现有公厕根据具体情况改建为三格化粪池、三联式沼气池、粪尿分集式、双瓮漏斗式、双坑交替式和具有完整上下水道水冲式厕所；农户改厕项目将按照无害化厕所的要求对移民户家庭厕所进行改造。移民和住建部门将依据相关法律法规强力推进改厕项目。

6. 绿化项目

提高移民村绿化率，加大生态村、生态乡（镇）创建力度。积极实施国家新一轮退耕还林，加快陡坡地生态治理，推进村庄绿化、庭院美化建设，对村、路、渠、宅“四旁”和公共区进行绿化，改善村庄环境的生态质量和景观面貌。保护古建筑文物、特色民居、村内古树、大树、成片林地和文化遗产，形成道路河道乔木林、房前屋后果木林、公园绿地休憩林、村庄周围护村林的村庄绿化格局。

四、规范后期扶持项目和资金的监督管理

（一）后期扶持项目

1. 建立完善的动态项目库

库区和移民安置区经济发展离不开政府后扶资金的支持，以及后扶资金投入的生产开发项目。为提高后扶资金的使用效率，需要建立动态完善的项目库。在实施项目安排顺序上，云南省大中型水库移民后期扶持项目库分“限额规划项目”和“储备项目”，前者对应于全省预计可筹措移民扶持资金总额，优先申报实施；后者对应于审批未通过的项目闲余资金、新注入的国家库区基金、社会力量扶持资金等，属补充类项目。两类项目均以县为单位进行规划，并按轻重缓急进行区分，逐级上报备案。在确定方式上，项目库来源又分“统筹项目”和“需求项目”，前者由省移民局根据现行政策要求、国家库区基金注入情况、跨州（市）重点项目规划布局统筹情况指导各州市进行项目策划、规划，属于“自上而下”的统筹类项目。后者是各县（市、区）根据移民意愿、区域发展需求等提出的项目，并逐级上报州（市）、省、国家进行审批，属于“自下而上”的需求类项目；项目储备库为各州（市）上报的项目总集，未列入项目库的项目原则上不得申报、实施。项目动态管理工作由省移民局统一管理，州（市）、县（市、区）层层负责。

2. 发展优质项目

扶持项目需要兼顾数量和质量，在不断增加扶持项目数量的同时，注重发展优质项目。在“十三五”规划基准年，根据可筹措移民后期扶持资金规划一批项目，作为“限额规划项目”，在此之外，另行规划一批“储备项目”，“限额规划项目”和“储备项目”统一纳入“后期扶持项目库”进行管理，切实做到每年可以随时拿出一批项目向上申报，随时对审批未通过的项目进行补充替换，随时拿出一批项目来吸纳新注入的国家库区基金、社会力量扶持资金，变“资金等项目”为“项目等资金”。另外，更加注重发展优质项目，根据各州（市）上报项目情况，

从中选出脱贫解困、移民增收效果明显，社会效益显著，受益移民与投入移民资金比例较高的优质项目，作为省级、市级示范项目储备，并在此基础上建立“优质项目库”，在每年项目计划安排时优先从“优质项目库”中选择项目。

3. 加强项目管理

近年来，国家先后出台一系列文件规范后扶项目的审计和考核工作。“十二五”期间，省级先后制定出台涉及后期扶持工作的政策办法 10 项，其中专门规定后期扶持工作的政策办法 9 项。《云南省移民开发局关于印发〈云南省大中型水库移民后期扶持项目验收管理办法〉》《云南省移民开发局关于进一步加强大中型水库库区和移民安置区扶持项目管理的通知》（云移局发〔2012〕214 号）等文件明确规定了后扶项目的管理流程，确保后扶项目达到预期目标。云南省将继续采取有力措施，推进后期扶持项目“放管服”工作，抓实项目前期工作，不断优化项目审批流程，精准实施后期扶持项目，加快在建项目建设进度，完成后扶项目绩效评价。

（二）后期扶持资金

云南省始终把移民资金监管作为重中之重，强化资金计划与监督管理、稽察与清理相结合，从严落实监管责任，确保移民资金安全、移民干部廉洁。

不断规范移民资金管理，研究制定全省大中型水利水电工程移民资金管理办法，规范移民资金计划管理、财务管理和监督管理工作。

加强移民资金计划管理，做好移民资金计划编制和调整工作，加强资金使用过程中的检查督促，尽量减少闲置和沉淀资金，提高移民资金使用效率。

加强移民资金监管，组织对重点水电工程移民安置资金进行专项检查，下发整改通知，督促整改落实；对重点县市移民资金往来账款进行清理核销；对移民资金利息收入进行清理并分配下达。

加强移民稽察工作，组织对重点县市移民后期扶持规划实施情况和移民安置点基础设施建设情况进行稽察，实现移民重点县稽察全覆盖，组织移民后期扶持政策实施监测评估工作。

后期扶持政策实施过程中，移民部门和财政部门需要密切沟通协调，紧紧围绕“资金跟着项目走、项目跟着计划走、计划跟着规划走”的原则，严格执行项目和资金审查审批和监督管理制度，逐年加大监督检查力度，每年派出检查组，通过稽察、内审、专项检查、监测评估等方式，采用听取汇报、查阅资料、实地调研和移民专访等形式，对各州市后期扶持工作开展监督检查，强化监督管理，确保资金及时足额发放。

精准实施后期扶持要发挥政府的主导作用，使政府在移民后期扶持工作中充分发挥“清障搭台”的作用，强化服务、依法担当，因地制宜发展产业，激发活力。同时，确定扶持方式和扶持项目，要坚持移民自愿的原则，充分尊重移民意愿，并听取移民村组群众意见，激发移民脱贫解困、建设美丽家园的积极性。通过各方共同努力，解决水库移民突出问题，早日将库区和移民安置区建设成为“美丽家园、小康库区”。

第三节 精准实施水库移民脱贫攻坚

一、基本原则

(1) 坚持精准扶持。对纳入建档立卡的贫困移民村、贫困移民户、贫困移民人口实施重点扶持，解决好扶持谁的问题。扶贫开发贵在精准，重在精准，必须解决好扶持谁、谁来扶、怎么扶的问题，做到扶真贫、真扶贫、真脱贫，切实提高扶贫成果可持续性，让贫困人口有更多的获得感①。

(2) 坚持分类施策。找准扶持对象致贫的症结，对症下药，因地制宜明确工作着力点和帮扶措施，解决好怎么扶的问题。因地制宜突出问题导向，创新扶贫开发路径，由“大水漫灌”向“精准滴灌”转变；创新扶贫资源使用方式，由多头分散向统筹集中转变；创新扶贫开发模式，由偏重“输血”向注重“造血”转变；创新扶贫考评体系，由侧重考核地区生产总值向主要考核脱贫成效转变②。

(3) 坚持协同配合。强化部门间沟通协调，实施政策叠加，调动政府、移民、社会多个积极性，形成扶持合力，解决好谁来扶的问题。坚持党的领导，夯实组织基础。充分发挥各级党委总揽全局、协调各方的领导核心作用，严格执行脱

① 2015-11-29.中共中央 国务院关于打赢脱贫攻坚战的决定.水工程移民和水利扶贫网。

② 同上。

贫攻坚一把手负责制，省市县乡村五级书记一起抓。切实加强移民贫困地区农村基层党组织建设，使其成为带领群众脱贫致富的坚强战斗堡垒。坚持政府主导，增强社会合力。强化政府责任，引领市场、社会协同发力，鼓励先富帮后富，构建专项扶贫、行业扶贫、社会扶贫互为补充的大扶贫格局。坚持群众主体，激发内生动力。继续推进开发式扶贫，处理好国家、社会帮扶和自身努力的关系，发扬自力更生、艰苦奋斗、勤劳致富精神，充分调动贫困地区干部群众积极性和创造性，注重扶贫先扶智，增强贫困人口自我发展能力①。

(4) 坚持绿色发展。坚持保护生态，实现绿色发展。牢固树立绿水青山就是金山银山的理念，把生态保护放在优先位置，扶贫开发不能以牺牲生态为代价，探索生态脱贫新路子，让贫困人口从生态建设与修复中得到更多实惠。保护好库区和移民安置区的绿水青山，走生产发展、生活富裕、生态良好之路，实现移民脱贫与环境保护双赢。

二、工作目标

通过精准扶贫、帮扶到户的实施，到2020年，使被帮扶的移民贫困户有稳定收入，实现自我发展，完成“七个确保”目标：一、确保贫困移民户居住安全得到保障；二、确保符合条件的贫困移民户被纳入最低生活保障；三、确保贫困移民户能参与当地的农村合作医疗保障；四、确保贫困移民户子女接受义务教育不辍学；五、确保考上大中专院校的贫困移民家庭学生能够顺利完成学业；六、确保符合条件的贫困移民户劳动力能参加免费职业技术培训；七、确保每一贫困移民户学会一至二门种养技术或者手工加工技术，提高种养劳动技能。

三、工作思路

依托全社会力量，以政府为主导，抓住扶持对象精准、项目安排精准、资金使用精准、措施到户精准、因村派人精准、脱贫成效精准等六个精准，坚持分类施策、因人因地施策、因贫困原因施策、因贫困类型施策，结合“十三五”扶贫攻坚规划和大中型水库移民后期扶持规划，通过开展水库移民避险解困、扶持移

① 2015-11-29.中共中央国务院关于打赢脱贫攻坚战的决定.水工程移民和水利扶贫网。

民村产业发展、加强对贫困移民技能培训、开展移民美丽家园建设、统筹解决特殊贫困移民等五项工程，共同构建政府、移民、社会协同推进的大扶贫格局，形成全社会共同参与的多元主体的移民扶贫体系，确保贫困移民全部脱贫，如期完成国家扶贫攻坚战略任务。

四、主要措施

（一）大力实施避险解困

对居住在生存条件恶劣、生态环境脆弱、山洪地质灾害频发等“一方水土养不活一方人”地区的贫困移民，继续推进避险解困工作。开展水库生产生活存在特殊困难的移民调查，对符合国家发改委、财政部、水利部《关于帮助各地开展大中型水库移民避险解困试点工作的通知》（发改农经〔2013〕1730 号）要求的特殊困难移民，按照移民自愿、相对集中的原则，结合城镇化进程、新农村建设和工业园区布局等，鼓励困难移民避险解困异地搬迁，帮助困难移民优先纳入当地农村危房改造计划，提供建房贷款贴息救助。在贫困移民集中安置地区建成移民创业致富帮扶中心，通过扶持来料加工企业、劳动密集型企业、现代特色农业企业等，促进移民在家门口就近就业，实现“搬得出、稳得住、能致富”的目标①。

（二）精心组织实施产业扶贫

对于无劳动力、重大疾病、残疾人移民家庭，通过扶持移民村集体经济，因地制宜发展特色产业，促进扶持政策落实到户，探索建立产业发展带动机制。产业扶贫是中国特色扶贫开发模式的重要特征以及完成脱贫目标任务最重要的举措，使打赢脱贫攻坚战有了可靠的保障。产业扶贫是其他扶贫措施取得实效的重要基础，易地搬迁脱贫、生态保护脱贫、发展教育脱贫都需要通过发展产业，实现长期稳定就业增收②。

（1）坚持产业扶贫原则。紧扣精准扶贫、精准脱贫的基本方略，以建档立卡的贫困户稳定、长期受益作为产业帮扶的出发点、落脚点，防止实施中脱轨走

---

① 浙江省衢州市“三大精准”举措推进水库移民精准扶持，水工程移民和水里扶贫网。

② 2016-06-11. 九部门联合印发贫困地区发展特色产业促进精准脱贫指导意见. 水工程移民和水利扶贫网。

样。同时，注重调动各相关部门和地方的积极性，坚持产业扶贫的基本思路、原则和重点①。云南省水利厅在结合各村实际，启动造血扶贫工程的基础上，帮助落实产业扶贫项目。

(2) 建立有效机制。产业扶贫必须找准产业项目与贫困户增收的结合点，真正建立起贫困户分享产业发展红利的有效机制。要完善利益联结机制，就是要把共享理念贯穿到产业发展链条中，把贫困户精准受益作为扶持产业发展的必备条件，对企业等新型经营主体给予财政投资的前置条件。一方面，要鼓励开展股份合作，农村承包土地经营权、农民住房财产权等可以折价入股，集体经济组织成员享受集体收益分配权；有关财政资金在不改变用途的情况下，投入设施农业、养殖、光伏等项目形成的资产，具备条件的可折股量化给贫困村和贫困户。另一方面，推广订单帮扶模式，鼓励新型经营主体和有产业发展能力的贫困对象，共同开发特色产业，依法签订利益共享、风险共担的合作协议。

(3) 准确选定产业。科学确定产业，要在分析水库贫困地区资源禀赋、产业现状、市场空间、环境容量、新型主体带动能力和产业覆盖面的基础上，进一步调整产业结构，优化产业布局，选准适合自身发展的产业。要按照全产业链理念打造产业，积极发展产品加工，拓展产业多种功能，大力发展休闲农业、乡村旅游和森林旅游休闲康养，促进一二三产业融合发展，拓宽贫困户就业增收渠道。各地资源条件千差万别，贫困户经营能力和脱贫需求也不尽相同，必须因地制宜选择产业。产业扶贫要遵循市场和产业发展规律。要坚持聚力到户、受益精准；因地制宜、产业精准；科学设计、项目精准；保护生态、绿色发展；帮贫脱贫、联动联考②。

（三）积极开展就业扶贫

对于有劳动力的贫困移民家庭，实施“订单”培训，提升就业技能，积极探索政府购买公益性岗位就业方式。

(1) 实施“订单”培训，提升就业技能。引导和支持用人企业建立劳务培训基地，开展好订单定向培训，建立和完善输出地与输入地劳务对接机制。在充

① 同上。

② 2016-06-11. 九部门联合印发贫困地区发展特色产业促进精准脱贫指导意见. 水工程移民和水利扶贫网。

分调研劳动力分布状况、市场需求、培训机构能力等基础上，按照订单培训和定向培训的要求，充分尊重贫困移民意愿，积极组织移民转移就业的技能培训。重点围绕材料加工、手工编织、农家乐旅游、餐饮服务、月嫂家政等适合贫困移民的行业进行培训，培育一批有技术、能上岗的移民，实现转移就业，增加劳务收入①。

（2）积极探索政府购买公益性岗位就业方式。各级各部门将搞好云南省水利水电工程建设和推进贫困劳动力就业脱贫增收有机结合起来，促进有劳动能力的贫困人口就近就业、增收脱贫。在扶贫开发中推广政府与社会资本合作、政府购买服务等模式。在水利水电工程建设过程中，鼓励中标单位、实施主体等就地吸纳建档立卡贫困移民劳动力参与建设；对于贫困地区移民安置点保洁员、保安等社会管理岗位，可通过政府购买方式，优先聘用具有相应能力当地建档立卡贫困劳动力就业。省州市移民部门要加强督促检查，加大资金投入。

（四）大力实施保障扶贫

完善最低生活保障制度，完善城乡居民社会养老保险制度，健全医疗保障制度，完善临时救助制度，加快农村危房改造。

（1）完善城乡居民社会养老保险制度。城乡居民社会养老保险制度是深入贯彻落实科学发展观、加快建设覆盖城乡居民社会保障体系的重大决策，是应对国际金融危机、扩大国内消费需求的重大举措，是逐步缩小城乡差距、改变城乡二元结构、推进基本公共服务均等化的重要基础性工程，是实现广大城市、农村居民老有所养，促进家庭和谐、增加居民收入的重大惠民政策。完善城乡居民社会养老保险制度，实行社会统筹与个人账户相结合，与家庭养老、土地保障、社会救助等其他社会保障政策措施相配套，保障水库贫困移民基本生活②。

（2）实行农村最低生活保障制度兜底脱贫。完善农村最低生活保障制度，对无法依靠产业扶持和就业帮助脱贫的家庭实行政策性保障兜底。加大农村低保省级统筹力度，低保标准较低的水库贫困地区要逐步达到国家扶贫标准。尽快制定农村最低生活保障制度与扶贫开发政策有效衔接的实施方案。进一步加强农村低保申请家庭经济状况核查工作，将所有符合条件的水库贫困移民

① 2015-05-15. 浙江省对接城镇化道路推进移民创业致富的基本实践. 水工程移民和水利扶贫网。
② 2010-03-24. 国务院关于开展新型农村社会养老保险试点的指导意见. 水工程移民和水利扶贫网。

家庭纳入低保范围，做到应保尽保①。

(3) 开展医疗保险和医疗救助脱贫。实施健康扶贫工程，保障移民贫困人口享有基本医疗卫生服务，努力防止因病致贫、因病返贫。对移民贫困人口参加新型农村合作医疗个人缴费部分由财政给予补贴。新型农村合作医疗和大病保险制度对移民贫困人口实行政策倾斜，门诊统筹率先覆盖所有贫困地区，降低贫困人口大病费用实际支出，对新型农村合作医疗和大病保险支付后自付费用仍有困难的，加大医疗救助、临时救助、慈善救助等帮扶力度，将移民贫困人口全部纳入重特大疾病救助范围，使移民贫困人口大病医治得到有效保障。加大水库移民贫困残疾人康复服务和医疗救助力度，扩大纳入基本医疗保险范围的残疾人医疗康复项目。建立贫困人口健康卡。对贫困人口大病实行分类救治和先诊疗后付费的结算机制。完成贫困地区县乡村三级医疗卫生服务网络标准化建设，积极促进远程医疗诊治和保健咨询服务向贫困地区延伸。为贫困地区县乡医疗卫生机构订单定向免费培养医学类本专科学生，支持贫困地区实施全科医生和专科医生特设岗位计划，制定符合基层实际的人才招聘引进办法。支持和引导符合条件的贫困地区乡村医生按规定参加城镇职工基本养老保险。采取针对性措施，加强贫困地区传染病、地方病、慢性病等防治工作。全面实施贫困地区儿童营养改善、新生儿疾病免费筛查、妇女“两癌”免费筛查、孕前优生健康免费检查等重大公共卫生项目。加强贫困地区计划生育服务管理工作②。

(4) 加大临时救助制度在贫困地区落实力度。完善临时救助制度，提高水库移民贫困人员供养水平，改善供养条件。抓紧建立农村低保和扶贫开发的数据互通、资源共享信息平台，实现动态监测管理、工作机制有效衔接。加快完善城乡居民基本养老保险制度，适时提高基础养老金标准，引导农村贫困人口积极参保续保，逐步提高保障水平。有条件、有需求水库移民贫困地区可以实施“以粮济贫”。

(5) 加快农村危房改造和人居环境整治。加快推进水库移民贫困地区农村危房改造，统筹开展农房抗震改造，把建档立卡贫困户放在优先位置，提高补助

① 2015-11-29. 中共中央国务院关于打赢脱贫攻坚战的决定. 水工程移民和水利扶贫网。
② 2015-11-29. 中共中央国务院关于打赢脱贫攻坚战的决定. 水工程移民和水利扶贫网。

标准，探索采用贷款贴息、建设集体公租房等多种方式，切实保障贫困户基本住房安全。加大贫困村生活垃圾处理、污水治理、改厕和村庄绿化美化力度。加大贫困地区传统村落保护力度。继续推进贫困地区农村环境连片整治。加大贫困地区以工代赈投入力度，支持农村山水田林路建设和小流域综合治理。财政支持的微小型建设项目，涉及贫困村的，允许按照一事一议方式直接委托村级组织自建自管。以整村推进为平台，加快改善贫困村生产生活条件，扎实推进美丽宜居乡村建设。

（五）扎实推进教育扶贫

优先支持贫困村教育发展事业，加大贫困生资助力度，开展贫困移民职业学历教育。

(1) 着力加强教育脱贫。加快实施教育扶贫工程，让水库贫困移民家庭子女都能接受公平有质量的教育，阻断贫困代际传递。教育经费向贫困地区、基础教育倾斜。健全学前教育资助制度，帮助水库贫困移民家庭幼儿接受学前教育。稳步推进贫困地区农村义务教育阶段学生营养改善计划。加大对乡村教师队伍建设的支持力度，特岗计划、国培计划向贫困移民地区基层倾斜，为贫困移民地区乡村学校定向培养留得下、稳得住的一专多能教师，制定符合基层实际的教师招聘引进办法，建立省级统筹乡村教师补充机制，推动城乡教师合理流动和对口支援。全面落实连片移民贫困地区乡村教师生活补助政策，建立乡村教师荣誉制度。合理布局移民贫困地区农村中小学校，改善基本办学条件，加快标准化建设，加强寄宿制学校建设，提高义务教育巩固率[1]。

(2) 在水库贫困移民地区普及高中阶段教育。率先给建档立卡的家庭经济困难学生实施普通高中免除学杂费、中等职业教育免除学杂费，让未升入普通高中的初中毕业生都能接受中等职业教育。加强有专业特色并适应市场需求的中等职业学校建设，提高中等职业教育国家助学金资助标准。努力办好贫困地区特殊教育和远程教育。建立保障农村和贫困地区学生上重点高校的长效机制，加大对贫困家庭大学生的救助力度。对贫困家庭离校未就业的高校毕业生提供就业支持。实施教育扶贫结对帮扶行动计划。

（六）实行精准结对帮扶扶贫

实行部门驻村帮扶贫困村制度，实行领导干部结对帮扶贫困户制度。

（1）发挥基层党组织战斗堡垒作用。加强贫困乡镇领导班子建设，有针对性地选配政治素质高、工作能力强、熟悉“三农”工作的干部担任贫困乡镇党政主要领导。抓好以村党组织为领导核心的村级组织配套建设，集中整顿软弱涣散村党组织，提高移民贫困村党组织的创造力、凝聚力、战斗力，发挥好工会、共青团、妇联等群团组织的作用。选好配强村级领导班子，突出抓好村党组织带头人队伍建设，充分发挥党员先锋模范作用。完善村级组织运转经费保障机制，将村干部报酬、村办公经费和其他必要支出作为保障重点。注重选派思想好、作风正、能力强的优秀年轻干部到贫困地区驻村，选聘高校毕业生到贫困村工作。根据贫困村的实际需求，精准选配第一书记，精准选派驻村工作队，提高县以上机关派出干部比例。加大驻村干部考核力度，不稳定脱贫不撤队伍。对在基层一线干出成绩、群众欢迎的驻村干部，要重点培养使用。加快推进贫困村村务监督委员会建设，继续落实好“四议两公开”、村务联席会等制度，健全党组织领导的村民自治机制。在有实际需要的地区，探索在村民小组或自然村开展村民自治，通过议事协商，组织群众自觉广泛参与扶贫开发。

（2）健全社会力量参与机制。鼓励支持民营企业、社会组织、个人参与扶贫开发，实现社会帮扶资源和精准扶贫有效对接。引导社会扶贫重心下移，自愿包村包户，做到移民贫困户都有党员干部或爱心人士结对帮扶。吸纳农村贫困人口就业的企业，按规定享受税收优惠、职业培训补贴等就业支持政策。落实企业和个人公益扶贫捐赠所得税税前扣除政策。充分发挥各民主党派、无党派人士在人才和智力扶贫上的优势和作用。工商联系统组织民营企业开展“万企帮万村”精准扶贫行动。通过政府购买服务等方式，鼓励各类社会组织开展到村到户精准扶贫。完善扶贫龙头企业认定制度，增强企业辐射带动贫困户增收的能力。鼓励有条件的企业设立扶贫公益基金和开展扶贫公益信托。

第五章

全面建设“美丽家园、小康库区”的保障机制

党的十九大明确指出，习近平新时代中国特色社会主义思想，是对马克思列宁主义、毛泽东思想、邓小平理论、“三个代表”重要思想、科学发展观的继承和发展，是马克思主义中国化最新成果，是党和人民实践经验和集体智慧的结晶，是中国特色社会主义理论体系的重要组成部分，是全党全国人民为实现中华民族伟大复兴而奋斗的行动指南，必须长期坚持并不断发展。

全省移民系统广大党员干部按照中央和省委的部署，迅速掀起学习宣传贯彻党的十九大精神热潮，用习近平新时代中国特色社会主义思想武装头脑、引领方向、指导实践。要毫不动摇坚持党对移民工作的领导，增强“四个意识”、坚定“四个自信”，坚定维护以习近平总书记为核心的党中央权威和集中统一领导，始终在思想上政治上行动上同以习近平总书记为核心的党中央保持高度一致，确保党中央和省委、省政府的决策部署在水利水电移民工作中得以全面贯彻落实。要抢抓机遇、锐意进取，凝心聚力，扎实苦干，把深入学习贯彻落实党的十九大精神和习近平新时代中国特色社会主义思想作为云南水利水电移民工作的政治任务，要把思想和行动统一到党的十九大精神和习近平新时代中国特色社会主义思想精神上来，把智慧和力量凝聚到贯彻落实党的十九大提出的战略部署和各项重大任务上来，奋力在新的时代全面推进云南水利水电移民工作改革创新发展，为云南省决战脱贫攻坚、全面建成小康社会，建设和谐云南、美丽云南，实现中华民族伟大复兴的中国梦做出新贡献。

第一节　全面建设“美丽家园、小康库区”的配套政策

一、制定云南省全面建设“美丽家园、小康库区”指导意见

为深入贯彻党的十九大精神，认真落实省委、省政府全面建成小康社会、扶贫攻坚、美丽云南的决策部署，充分发挥大中型水库移民后期扶持政策作用，促进库区和移民安置区经济社会发展，规范和提升云南省全面建设“美丽家园、小康库区”工作，需要从省级层面制定具体的实施和指导意见。

认真贯彻落实新发展理念，要从协调推进“五位一体”总体布局和“四个全面”战略布局上全面审视移民工作，从实现“两个一百年”奋斗目标的高度上科学谋划水利水电移民工作，紧紧围绕党的十九大的决策部署和国家出台的一系列新的强农惠农政策和改革措施，把贯彻落实新发展理念贯穿移民工作全过程、各领域。加快构建有利于提高库区和安置区资源配置效率、提高移民发展质量和效益的政策和制度，让移民群众在共建中共享到移民搬迁安置和后续产业发展成果，使广大移民群众脱贫解困同步建成小康社会。

（一）指导思想

以邓小平理论、“三个代表”重要思想、科学发展观为指导，深入贯彻党的十八大和十八届三中全会和党的十九大精神，抓住国家和云南省“全面建成小康社会”和“乡村振兴战略”目标的机遇，认真落实中央农村经济工作会议精神，紧紧围绕云南水库库区和移民安置区与全省和全国同步实现全面建设小康社会、建设绿色经济强省战略目标的总体要求。按照省委省政府对库区移民工作的要求。紧紧围绕库区和移民安置区“稳定与发展”这一主线，以全面建设“美丽家园、小康库区”为载体，以深度贫困库区为攻坚主战场，以库区和移民安置区基础设施建设、产业结构调整、劳动力转移为主要抓手，以提升贫困移民户自我发展能力、改善移民群众生产生活条件、培育特色优势产业、提高劳动者素质、增加移民群众收入为重点，以创新库区社会管理为保证，促进库区和移民安置区经济社会全面发展，实现库区移民“搬得出、稳得住、能发展、可致富”的目标，

逐步建立促进库区和移民安置区科学发展、协调发展和社会和谐稳定的长效机制，为云南全面建设小康社会做出应有贡献。

（二）基本原则

1. 以人为本，民生优先。坚持开发式扶持方针，把增加收入和保障民生作为根本出发点和落脚点。优先解决移民群众安居住房、产业发展、劳动力转移就业、安全饮水、行路难等问题。

2. 因地制宜，分类指导。根据库区和移民安置区乡村、后期扶持对象的贫困特征和原因，把集中连片贫困村作为重点区域，把深度贫困移民群众作为主要对象，因地制宜制定扶持攻坚方案，实行差异化扶持政策。

3. 规划优先，标准超前。新建和在建水利水电工程乡镇复建和安置点建设必须按照“全面建设美丽家园、小康库区”的工作要求，科学编制和修编移民安置规划，移民个人财产补偿坚持移民共享土地增值收益的原则，移民安置标准必须超前，充分保障移民和受影响群众的长远发展。

4. 整合资源，合理创建。坚持以规划为龙头，整合各部门资源，扶持项目明确到县、乡、村、组、户，责任落实到部门、到人，建立考评机制和奖惩制度，形成上下联动、各负其责的工作格局。

5. 政府主导，社会参与。坚持政府主导，创新扶持机制，强化扶持措施，注重扶持实效，提高扶持水平，广泛动员社会力量参与。

6. 自力更生，艰苦奋斗。坚持移民群众主体地位，充分发挥移民群众的主动性和创造性，提高自我管理水平和发展能力，立足自身实现脱贫致富。

（三）总体目标

通过全面建设“美丽家园、小康库区”工作，确保云南库区和移民安置区基础设施及人居环境得到进一步改善、积极推进现代农业建设、移民增收长效机制不断健全、社区社会管理不断加强、公共服务水平显著提高，加强库区和移民安置区生态环境建设，为移民营造一个舒适、卫生、美丽、节能的居住环境。努力把云南库区建设成为科学发展的小康库区、社会稳定的和谐库区、公开公正公平的阳光库区、环境优美的美丽家园。

（四）对象范围

重点对云南范围内老旧和新建水利工程后靠安置人口和搬迁安置人口所

在乡、县(市、区),采取基础设施建设、产业扶持、就业培训、改善人居环境等方式进行重点建设。

(五)方法步骤

全面建设“美丽家园、小康库区”要按照总体目标的要求,坚持年度目标与总体目标相衔接、阶段性工作和整体性工作相结合,有计划有步骤地稳步推进。

1. 广泛宣传。要结合全面建设“美丽家园、小康库区”的宣传,充分运用各种形式,深入宣传全面建设“美丽家园、小康库区”的意义、目标和任务。统一库区和移民安置区干部群众的思想,充分认识全面建设“美丽家园、小康库区”是省委、省政府着眼于云南库区和移民安置区经济社会全面、协调、可持续发展做出的一项重大战略决策,事关库区和移民安置区的改革发展稳定大局。要积极营造有利于全面建设“美丽家园、小康库区”的良好氛围,使全面建设“美丽家园、小康库区”成为库区和移民安置区干部群众的自觉行动。

2. 制定具体方案。各级地方政府要结合库区移民工作的特点和实际,根据党委、政府贯彻全面建设“美丽家园、小康库区”部署的总体方案,制定全面建设“美丽家园、小康库区”的实施意见,提出全面建设“美丽家园、小康库区”的总体目标和年度目标任务,确定每年的工作重点,做到目标切实可行、任务明确具体,措施针对性和可操作性强。

3. 突出工作重点。要以库区和移民安置区的县和乡镇为重点,依靠县和乡镇党委政府来抓好各项工作的落实。要围绕总体目标任务的要求,依据不同时期水利水电工程移民的特点,确定不同区域和群众的建设重点。

4. 抓好试点先行。根据云南不同时期的水利水电工程移民的生产生活的实际情况,确定不同类型库区和移民安置区为全面建设“美丽家园、小康库区”的试点,这些试点库区和移民安置区,既要先行一步,又要成为以点带面的示范点。

5. 坚持典型引路。每一个州(市)、县(市、区)都要抓一至二个示范点,以指导全面的创建工作。要加强调查研究,加强情况沟通和经验交流,善于发现和宣传推广先进典型,及时发现和解决存在的问题,不断促进“美丽家园、小康库区”创建活动广泛深入开展。

6. 做好总结工作。要认真总结全面建设“美丽家园、小康库区”每一个阶段的工作经验，巩固和发展已取得的成果，进一步完善创建的工作内容、工作机制和工作方法，不断提高创建活动的水平和实效。

（六）主要措施

1. 加强领导，狠抓落实。要切实加强对全面建设“美丽家园、小康库区”工作的领导。建议省政府成立云南省全面建设“美丽家园、小康库区”工作领导小组。各州（市）、县（市、区）也要成立相应机构，确定一名领导和一名联络员具体负责这项工作。省、州（市）和各县（市、区）的领导小组组长要由政府分管领导担任。

2. 找准位置，齐抓共管。库区和移民安置区的发展稳定是涉及党委、政府多个职能部门的工作。因此，各级部门要根据“谁主管、谁负责”和“条块结合、以块为主、属地管理”的原则，在当地党委、政府的领导下开展创建活动。在职能上既要找准位置、发挥作用，又要摆正关系，正确处理好移民管理部门与有关部门的关系，搞好协调，齐抓共管，形成合力。

3. 抓好基层，打牢基础。库区县（市、区）既是基层，又是一级政府，在全面建设“美丽家园、小康库区”中起到承上启下的作用。地方各级部门要把创建活动的重点放在乡（镇），落实到库区和移民安置区，落实到移民户，使每个移民安置点工作有人抓、有人管、有人做，使之成为库区干部群众广泛参与的一项活动，真正在库区收到实效。

4. 落实政策，依法治库。库区移民工作政策性强，直接关系移民群众的切身利益，能否保障库区移民政策法规的落实，直接影响到库区稳定和发展。因此，要把认真贯彻执行移民政策法规，把依法治库和依规建库贯穿于全面建设“美丽家园、小康库区”的全过程。

5. 办好实事，排忧解难。全面建设“美丽家园、小康库区”要落实到移民群众分享实惠上来。各级移民干部要切实增强责任意识和服务意识，倾听移民群众的呼声，认真对待和妥善解决移民反映的问题。

6. 健全制度，创新机制。全面建设“美丽家园、小康库区”是一项长期、复杂的艰巨工作，必须把促进库区群众可持续发展和维护稳定的长效机制作为全面建设“美丽家园、小康库区”的主攻方向，从体制、制度、机制层面构建维护库区发展稳定的长效机制。

7. 完善公众参与机制。在全面建设"美丽家园、小康库区"中,要充分调动移民群众、水利水电项目法人以及社会其他群体的积极性,健全和完善移民公众参与机制,切实维护人们的知情权、参与权和监督权。

8. 加大整合力度,构建多元化筹资渠道。全面建设"美丽家园、小康库区"要坚持地方政府为主导,多方筹资的原则下,加大后期扶持、涉农和扶贫资金的整合力度,为其提供资金保障。对于财政配套资金要落实到位,移民部门应积极与其他政府相关部门配合,加大项目资金的整合力度。

全面建设"美丽家园、小康库区"是地方政府各级部门义不容辞的责任,是造福库区和移民安置区移民群众的一项活动。各级部门和地方政府干部要统一思想,振奋精神,团结拼搏,狠抓落实,务求实效,开拓创新,努力实现全面建设"美丽家园、小康库区"总体目标要求。

二、制定"美丽家园、小康库区"示范村和示范县考评办法

为加快推进全省大中型水库移民安置工作和后期扶持工作,加强移民安置村基础设施建设,加快产业发展,增加移民群众收入水平,改善居住环境,提高移民群众生活水平,制定"美丽家园、小康库区"示范村和示范县考核评定标准。按照县级移民管理机构会同乡(镇)政府自评申报、设区市移民管理机构初评推荐、省移民开发局考核确认的工作程序,选拔和筛选优秀示范村和示范县。用典型来助推"美丽家园、小康库区"建设工作。

为加强云南省库区和移民安置区"美丽家园、小康库区"建设,贯彻落实省委、省政府有关工作部署,提高财政资金使用效益和项目管理水平,逐步实现"美丽家园、小康库区"项目建设考评验收工作制度化、规范化。

(一) 考评验收对象

云南省库区和移民安置区建设"美丽家园、小康库区"考评验收(以下简称"考评验收")的对象是云南省库区和移民安置区"美丽家园、小康库区"建设工作。考评验收原则上采取每年一考评、一验收的办法。各州(市)、县(市、区)可参照本办法,制定州、县级库区和移民安置区建设"美丽家园、小康库区"考评验收办法。

(二) 考评验收内容

1. 项目前期准备情况。主要包括项目实施方案编制情况、项目所在地县级

移民工作领导小组建立“美丽家园、小康库区”目标责任制情况、明确项目具体承担单位任务和要求情况、制定项目监督检查制度情况、项目所在地村镇设立专门工作机构或专人负责项目实施情况。

2. 项目计划完成情况。包括项目建设前后的有关监测数据情况、项目计划任务完成情况、项目工程建设质量、实施成效情况。

3. 项目管理情况。主要包括项目管理制度建设、管护资金和措施落实、档案管理情况。

4. 资金管理情况。包括项目资金到位和拨付情况、财务管理、资金使用情况、项目审计。

5. 项目效益情况。重点检查项目应涉及现代农业建设、特色产业发展、基础设施完善、农村公共服务水平、经济发展、移民增收、居住环境、村民自治机制和平安库区建设。

（三）考评验收方法

1. 听取汇报。各级考评验收组在组长的带领下，分别召开州（市）、县（市、区）、乡（镇）、村汇报会，听取工作汇报。

2. 查阅资料。查看各州（市）、县（市、区）的考评验收报告、工作总结、贯彻执行有关政策要求、资金使用和项目管理等档案资料。

3. 实地查看。对照考评验收的主要内容，检查项目完成情况和工程质量调查方式情况。

4. 走访移民户。听取项目实施村移民对“小康库区、美丽家园”建设项目的反映、意见和要求，了解移民的收益情况（采用实地问卷调查方式）。

5. 随机抽查。省、州（市）考评验收组到县（市、区）时至少随机抽查 3 个村，到村至少查看 5 家移民户住房。

（四）考评验收程序

1. “美丽家园、小康库区”项目验收实行分级负责制，即县（市、区）级自验、州（市）级复核、省级抽验。

2. “美丽家园、小康库区”建设项目所在村完成调查填报数据工作后，向该村所在县县级移民领导工作小组提出考评验收申请。县（市、区）创建领导小组按照本《办法》考评验收指标组织对所辖移民村进行考评验收，并将各移民村的考评验收成绩汇总上报州级移民工作领导小组。

3. 州(市)创建工作领导小组根据各县(市、区)对移民村考评验收成绩,及时组织进行复核工作,复核结果以州(市)创建工作领导小组的名义上报省创建工作领导小组。

4. 省移民创建领导小组组织考评验收工作组,采取随机抽样和重点核查的方式,进村入户对各移民村监测调查数据信息进行实地核查。综合各移民村调查填报的数据信息、各州(市)上报的考评验收复核结果、省组织的抽样核查结果,统一评定各移民村"美丽家园、小康库区"工作考评验收成绩。

5. 申请验收应提供以下材料:(1) 县(市、区)创建工作小组申请验收报告;(2) 项目自验报告;(3) 项目实施方案或设计方案和相关图纸;(4) 项目治理前后的有关监测数据;(5) 单项工程质量验收材料;(6) 财务决算报告;(7) 资金筹集、使用、管理情况报告;(8) 州(市)有关部门意见。

(五) 考评验收评价

考评验收评价分为合格、不合格。省移民工作小组将根据考评验收组意见对各县(市、区)给予合格或不合格评价。

对考评验收合格的,由省移民工作领导小组下达项目验收批复。有下列情况之一的,考评验收评价不合格:未经省移民工作领导小组批准同意,擅自更改项目实施方案或擅自延长期限的;未全面完成项目实施方案确定的建设内容的;项目实施中弄虚作假,如采用"以旧顶新""以虚冒实"等手段套取上级资金的;存在滞留、截留、挤占和挪用项目资金等违反有关资金管理办法和财经制度行为的。

对于考评验收不合格的,由省移民工作领导小组提出限期整改意见并予以通报批评,除此之外,将根据事实和情节轻重,给予扣减下一年度项目资金指标、追缴违规财政资金等处理。

(六) 组织保障

1. 考评验收组通过集中培训,统一方法、统一步骤、统一内容和统一打分标准开展考评验收工作。

2. 严格遵守工作纪律。各级考评验收组要严格执行廉政建设的有关规定,坚持食宿从俭,轻车简从,不准收受礼品和纪念品,不准参加营业性娱乐活动,不准向地方提出与考评验收无关的要求。

第二节 全面建设“美丽家园、小康库区”的保障措施

一、强化建设工作的组织领导和分工协作

（一）发挥省委省政府的引领作用

做好全省移民工作，妥善解决移民群众关心的问题，使他们的长久生活有保障，关系到党和政府的威信，关系到党群和干群关系，关系到改革发展稳定的大局。库区和移民安置区“美丽家园、小康库区”建设对推进新农村建设和小康社会具有重要的意义。因此，省委省政府应重视库区和移民安置区“美丽家园、小康库区”建设，并发挥引领性和主导性的作用。由于移民工作实行属地管理，省级人民政府对本地区移民工作和社会稳定负总责，只有从省级层面才能有效地协调各级地方政府部门之间的力量和资源。这就需要各级政府相关部门统一思想，提高认识。为确保“美丽家园、小康库区”的有序推进，尽力将“美丽家园、小康库区”纳入省委、省政府重要议事日程，纳入重要目标任务。针对“美丽家园、小康库区”的规划、筹资、监管等方面工作，需要省委省政府通过讨论形成决策，并依据决策出台相关文件，为“美丽家园、小康库区”建设提供组织保障。

（二）落实各方责任，建立协同机制

由于移民工作是一个多向度的系统工程，涉及到社会、经济、文化等多个方面，这就决定了移民工作的复杂性。因此，我国移民工作必须建立在强有力的政府领导基础上。“美丽家园、小康库区”建设涉及到生活条件、配套设施、人居环境以及社会管理等较多的方面，需要水利、交通、城建、农业、林业、扶贫、人社、民政等相关政府部门和移民部门来共同参与。由此可见，各个部门都在其中发挥着重要的作用，解决部门之间的分工协作，建立各部门间的协同机制尤为重要。这就需要建立、完善有效的部门协同机制，有上级主管部门来明确各级政府相关部门的职责和任务。同时通过召开推进会，组织形式多样的学习活动，从而提高认识，统一思想，规避相关部门的“缺位”和“越位”现象。在部门协

同机制的作用下，移民管理部门应积极主动地与其他相关政府部门协作，加大配套资金、人力等资源的整合力度。根据确定的任务和资金的投入情况，主导或配合其他相关政府部门推进“美丽家园、小康库区”建设的相应工作。

（三）加强宣传，维护社会稳定

各级宣传部门要坚持正确的舆论导向，大力宣传国家的移民法规和新农村建设的政策，配合移民管理部门做好宣传和解释工作。与此同时，各级相关部门应积极组织开展形式多样的新农村建设的相应学习活动，为库区和移民安置区“美丽家园、小康库区”的有序推进营造良好的舆论氛围。同时，地方各级政府要做好维护稳定的工作，认真排查各种不稳定因素，及时化解矛盾，维护库区和移民安置区的社会稳定。

二、建设工作纳入地方政府相关发展规划

（一）纳入相关发展规划

规划涉及到经济社会各个领域，是指导经济社会发展的基本指针和制订相关政策的重要依据。为保障库区和移民安置区“美丽家园、小康库区”建设的有序推进，应立足实际，做到了“三个纳入”。一是在省委省政府的引导和重视下，将“美丽家园、小康库区”建设纳入云南省国民经济和社会发展规划，这具有重要的战略意义，是制订、实施相关工作的重要依据，为相关工作的有效开展提供了政策保障；二是将“美丽家园、小康库区”的相关指标纳入库区和移民安置区基础设施和经济发展规划，充分利用国家对移民的扶持政策，大力整合相关资金，有序地推进“美丽家园、小康库区”建设；三是将“美丽家园、小康库区”纳入其他专项规划，如扶贫攻坚规划、新农村建设规划等，充分利用相关专项的资金，为相关工作的有效开展提供资金保障。

（二）各级部门编制“美丽家园、小康库区”建设规划

根据移民的相关法律法规和新农村建设等政策的精神，为增强“美丽家园、小康库区”建设的前瞻性、科学性和可操作性，需要编制库区和移民安置区“美丽家园、小康库区”建设规划，充分发挥建设规划的指导性、目标性、战略性和方向性的作用，促进库区和移民安置区“美丽家园、小康库区”建设的顺利推进。因此，建设规划的编制应从实际情况出发，合理确定规划的指导思想、原则、目

标和依据，对建设的主要内容、资金筹措、进度计划、实施管理以及保障措施等方面进行整体性的设计，为推动相应工作提供行动的方案。同时，为了实现“美丽家园、小康库区”建设规划的顺利实施，将规划落实到位，还需要市（州）、县（市）、乡（镇）以及村（社区）各级相关部门根据各地的具体情况都要编制相应的“美丽家园、小康库区”建设规划，报上一级政府部门批准后组织实施。

三、完善建设工作的参与机制

（一）移民参与、协商和监督

在建设“美丽家园、小康库区”中，要充分调动移民群众、水利水电业主单位以及社会其他群体的积极性，健全和完善移民参与机制，切实维护人们的知情权、参与权和监督权。切实加强舆论宣传，努力营造全社会关心、支持、参与“美丽家园、小康库区”建设的良好氛围。

通过会议动员、媒体宣传、张贴标语等形式，广泛宣传“美丽家园、小康库区”建设的重要意义、目标和任务等。让移民对其有深入的了解和认识，充分调动移民的积极性、主动性。同时，要尊重移民的意愿，通过走访、与移民群众座谈以及组织移民群众代表参与等多种形式，充分征求移民的意见和要求，提高工作的透明度。定期公布“美丽家园、小康库区”建设的具体情况，自觉接受移民群众和社会各界的监督。依靠移民群众做好库区和移民安置区“美丽家园、小康库区”建设，充分发挥移民的主动性和积极性。

（二）水利水电业主单位及其他社会力量的参与

移民为水利水电工程做出了贡献，水利水电业主单位有义务参与到“美丽家园、小康库区”建设中，尤其是水电业主单位。因此，水利水电业主单位应在资金等方面为“美丽家园、小康库区”建设提供支持。

通过广泛的宣传，让人们深入地了解库区和移民安置区“美丽家园、小康库区”建设的意义，加快建立全社会参与的激励机制，拓宽全社会参与的途径，通过政策激励、要素运作等方式，充分调动人民团体、企事业单位和社会知名人士、非政府组织、非营利组织等社会力量参与到“美丽家园、小康库区”建设中，提供人才、智力、资金等资源的支持，积极吸引个人、企业参加“美丽家园、小康库区”建设的投资和管理。对在“美丽家园、小康库区”建设中做出突出贡献的单位和个人给予适当的精神和物质奖励。

四、建设工作要强化监督和考核机制

(一) 监督管理

由省移民局对“美丽家园、小康库区”建设实行全过程监督。各级移民管理机构应当加强监督,发现问题应当及时采取措施。对“美丽家园、小康库区”建设资金的拨付、使用和管理实行稽查制度,对州市的负责人依法实行任期内经济责任审计;县级人民政府应当加强对乡镇人民政府及其财政、移民等有关部门或机构拨付、使用和管理“美丽家园、小康库区”建设资金的监督,同时还需要定期向上一级移民管理部门报告并向项目法人通报有关资金拨付、使用和管理情况;各级审计、监察机关应当依法加强对“美丽家园、小康库区”建设资金拨付、使用和管理情况的审计和监察。对于一定规模的项目需要监理,确保项目的质量和进程。

(二) 严格考评

要研究制定操作性强的“美丽家园、小康库区”建设工作目标考评方案,并纳入各级政府的年度目标考核内容,细化分解年度目标任务,不仅对市(州)、县(市)、乡(镇)、村(社区)“美丽家园、小康库区”建设要进行验收考核,同时对相关部门支持开展“美丽家园、小康库区”建设的情况也要进行考核,并将考核结果进行比较,对建设情况进行排名。根据“美丽家园、小康库区”建设情况,将比较突出的地方设定为示范点,并给予一定的奖励,为其他地区的建设提供范本。

五、强化项目管理

(一) 行政监管

对项目实施实行全过程行政监管,行政监管主体以移民管理机构为主,以发改、财政、审计等有关行政监管部门为辅。对项目规划编制、审批、项目建设的质量、资金使用监督管理、项目竣工验收等内容进行监管,从而确保项目实施效益。此外,应组织专家编制《美丽家园、小康库区建设实施项目管理办法》,为项目管理提供依据和指导。

（二）工程管理

结合当地实际情况，严格按规划编制实施计划，项目必须按照批准的方案实施。根据项目的投资建设规划实行分级评估、审查、审批、监管负责制。从项目的前期工作、年度计划、建设实施、监督检查、验收审计到后期评估进行全过程的管理。对于相对较大规模的项目，要有设计、预算、工程招标、工程监理、工程施工记录。对擅自更改项目规划设计、挪用项目资金等违法行为，对相关责任人员依据法律法规和有关规定严肃处理。

六、多方整合资金

“美丽家园、小康库区”建设在坚持政府主导，多方筹资的原则下，加大涉农资金的争取和整合力度，为其提供资金保障。对于财政配套资金要落实到位，移民部门应积极与其他政府相关部门配合，对于项目资金要加大整合力度，如沼气工程、造林绿化、农村饮水、农田水利、农村电网改造、扶贫开发、农业综合开发、农村改厕、危房改造等项目资金。移民筹资是“美丽家园、小康库区”建设的一个重要方面，可以采取以奖代补、多建多补，引导激励移民加大资金投入。同时，由于移民为水利水电工程作出了贡献，业主单位理应提供一定的资金支持。同时，要吸引民营资本、大力引进多元化投资主体，进一步完善政府统一预算，积极组织财政投入，发挥财政资金的导向作用。此外，加强招商引资工作的规划、组织、协调，扩大招商引资。争取社会支持也是资金筹措的一个重要方面，引导工商企业、农民企业家、爱心人士回报社会、回报家乡，积极参与“美丽家园、小康库区”建设。